课程教学体制的创新性研究

郭晓娟 ◎ 著

哈尔滨出版社
HARBIN PUBLISHING HOUSE

图书在版编目（CIP）数据

课程教学体制的创新性研究／郭晓娟著. -- 哈尔滨：
哈尔滨出版社，2025. 1. -- ISBN 978-7-5484-8232-1

Ⅰ. G420

中国国家版本馆 CIP 数据核字第 2024A9R869 号

书　　名：**课程教学体制的创新性研究**
KECHENG JIAOXUE TIZHI DE CHUANGXINXING YANJIU

作　　者：郭晓娟　著
责任编辑：李金秋

出版发行：哈尔滨出版社（Harbin Publishing House）
社　　址：哈尔滨市香坊区泰山路 82-9 号　邮编：150090
经　　销：全国新华书店
印　　刷：北京鑫益晖印刷有限公司
网　　址：www. hrbcbs. com
E - mail：hrbcbs@ yeah. net
编辑版权热线：（0451）87900271　87900272
销售热线：（0451）87900202　87900203

开　　本：880mm×1230mm　1/32　印张：4.75　字数：115 千字
版　　次：2025 年 1 月第 1 版
印　　次：2025 年 1 月第 1 次印刷
书　　号：ISBN 978-7-5484-8232-1
定　　价：58.00 元

凡购本社图书发现印装错误，请与本社印制部联系调换。

服务热线：（0451）87900279

前　　言

在 21 世纪的教育领域,课程教学体制的创新性研究已成为推动教育改革的核心动力。随着知识经济的迅猛发展,传统的教学模式已难以满足当下社会对人才多元化、创新性的需求,因此,探索课程教学体制的创新路径,不仅是对教育本身的深刻反思,更是对未来人才培养模式的战略构想。课程教学体制的创新性研究,旨在打破固有的教学框架,寻求更加符合时代特征、学生发展需求的教育理念和实践模式。这一研究领域的兴起,既是对全球教育变革趋势的积极回应,也是我国教育现代化进程的内在要求。通过创新性研究,有望构建更加灵活多样、富有活力的课程教学体系,从而激发学生的创造潜能,培养具备批判性思维、协作能力和跨文化交流素养的新时代人才。

本书共 6 个章节,课程教学体制的创新性为研究,将综合运用多学科的理论视角,同时,本研究也将关注教师的专业发展与创新能力的提升,因为教师是教学创新的关键实施者,教师的专业素养和创新能力直接影响着教学改革的成效。课程教学体制的创新性研究不仅具有深远的理论意义,更有着迫切的现实需求。在全球化和信息化的时代背景下,教育的国际竞争日趋激烈,培养具有全球视野和创新能力的人才已成为国家发展的重要战略。因此,本研究旨在通过系统性的理论探讨和实证分析,为我国课程教学体制的改革与创新提供科学的决策依据,推动教育事业的可持续发展,为社会的全面进步和国家的长远繁荣贡献力量。

目　录

第一章　课程教学体制概述

第一节　课程教学体制的定义与特点

一、课程教学体制的定义

（一）组织架构与教学管理的维度

从组织架构与教学管理的层面来看,课程教学体制是教育机构内部关于课程规划、教学设计、实施、评价与反馈的一整套系统化的管理机制。涉及教育机构中各级教学管理部门的职责划分、教师队伍的建设与管理、课程资源的开发与利用以及教学活动的组织与协调等方面。在这一体制下,教育机构能够有序地组织各类教学活动,确保教学目标的达成和教学质量的提升。课程教学体制在组织架构上通常具有层次分明、职责明确的特点。从顶层设计到具体实施,每个环节都有明确的责任主体和执行标准。这种体制化的管理方式有助于减少教学过程中的随意性和不确定性,提高教学效率和教学效果。

（二）教学内容与教学方法的维度

从教学内容与教学方法的角度来看,课程教学体制是关于"教什么"和"怎么教"的一套规范化和系统化的设计。它规定了课程的知识体系、结构、内容和深度,以及与之相适应的教学方法、手段和教学评价策略。这一体制的建立旨在确保教学活动的科学性、系统性和连贯性,同时满足学生的学习需求和社会发展对人才培养的要求。在课程教学体制中,教学内容的选择和编排是一个至关重要的环节。它不仅要考虑知识的系统性和完整性,还要考虑学生的认知发展规律和学习兴趣。同时,教学方法的运用也要根据教学内容的特点和学生的实际情况进行灵活选择和创新。只有这样,才能真正实现因材施教,提高教学效果。

(三)教育理念与教育目标的维度

从更深层的教育理念与教育目标的角度来看,课程教学体制不仅仅是一种管理机制或设计规范,它更是教育机构所秉持的教育理念和教育目标的体现。这一体制的建立和运行都围绕着特定的教育理念和目标展开,旨在通过课程教学这一核心环节,实现对学生的知识传授、能力培养和价值塑造。教育理念是课程教学体制的灵魂,它指导着教育活动的方向和方式。在课程教学体制中,教育理念的体现可以通过课程目标的设置、教学内容的选择、教学方法的运用以及教学评价的标准等方面来体现。例如,如果教育机构秉持的是"以学生为本"的教育理念,那么在课程教学体制中就会强调学生的主体地位和作用,注重激发学生的学习兴趣和积极性,培养学生的自主学习能力和创新精神。

二、课程教学体制的特点

(一)系统性与整体性

1. 系统性的体现及其对教学的影响

课程教学体制作为一个复杂而完整的系统,其内部的各个环节、要素之间存在着紧密的联系和相互作用。这些要素,包括但不限于课程目标、教学计划、教材内容、教学手段及教学方法,它们共同构成了一个有机的教学体系。在这个体系中,每一个环节都不是孤立的,而是相互支持、相互制约的。例如,课程目标的设定直接影响了教学计划的制订,而教学计划的实施又需要依赖合适的教学手段和教材内容。这种环环相扣的特性使得任何一个要素的变化都可能对整个系统产生影响。系统性的特点要求教育者在制定和实施课程教学体制时,必须具备全面的视角和系统的思维。不仅要关注每一个具体的教学环节或要素,还要深入了解这些环节和要素之间的关系,确保整个系统的协调性和一致性。只有这样,才能保证教学活动的顺利进行和教学质量的有效提升。

2. 整体性的意义及其在教学中的实践

课程教学体制具有鲜明的整体性特点。主要体现在将整个教学过程视为一个不可分割的整体,而不是简单地将其拆分为若干个独立的部分。在这个整体中,各个环节和要素都服务于统一的教学目标和功能,共同推动着教学活动的顺利进行。整体性的观念要求教育者在制定和实施课程教学体制时,必须具备全局意识和整体观念。不仅要关注某一个具体的教学环节或要素的优化,还要考虑这些环节和要素如何相互配合、相互协调,以实现整体的教学目标。这种全局性的思考方式有助于教育者全面考虑各个方面的因素和影响,确保整个教学过程的连贯性和一致性。在教学中实践整体性特点时,教育者需要注重各个环节和要素的整合与协调。例如,在制订教学计划时,不仅要考虑每一节课的具体内容和目标,还要考虑这些内容和目标如何与整个课程体系相契合;在选择教学方法时,不仅要考虑这种方法是否能有效地传授知识,还要考虑它是否能激发学生的学习兴趣和积极性。通过这种方式，教育者可以将整个教学过程打造成一个有机统一的整体，提高教学效果和质量。

3. 灵活性与适应性的重要性及其对系统性与整体性的补充

虽然课程教学体制具有鲜明的系统性和整体性特点，但这并不意味着它是一个僵化不变的体系。相反，由于不同地区、不同学校、不同学生的实际情况存在差异，在实际操作中，教育者需要根据具体情况对课程设置、教学内容、教学方法等进行适当的调整和优化。这种灵活性和适应性不仅有助于满足不同学生的需求，还能促进教学过程的多样化和创新化。灵活性和适应性的重要性在于它们能够确保课程教学体制在不同环境和条件下都能有效地发挥作用。由于教育环境和社会需求的不断变化，以及学生个体差异的存在，如果课程教学体制缺乏灵活性和适应性，那么它就无法适应这些变化和需求，从而导致教学效果的下降和教育质量的降低。同时，灵活性和适应性也是对系统性和整体性特点的重要补充。虽然系统性和整体性强调了各个环节和要素之间的紧密联系和相互配合，但如果这种联系和配合是僵化不变的，那么整个体系就会失去活力和创新力。而灵活性和适应性的引入则使得整个体系能够在保持系统性和整体性的基础上，更加灵活地应对各种变化和挑战，从而实现持续的发展和创新（见图1-1）。

（二）灵活性与适应性

1. 灵活性的体现及其对教学活动的意义

灵活性是课程教学体制中的一个显著特点，它主要体现在课程设置、教学内容和教学方法的调整上。教育者深知，每一位学生

系统性的体现及其对　　　　　　　　科学性的理论基础与
教学的影响　　　　　　　　　　　　实践依据

系统性与整体性灵　　　　活性与适应性　　　　科学性与规范性

灵活性的体现及其对教学活动的意义

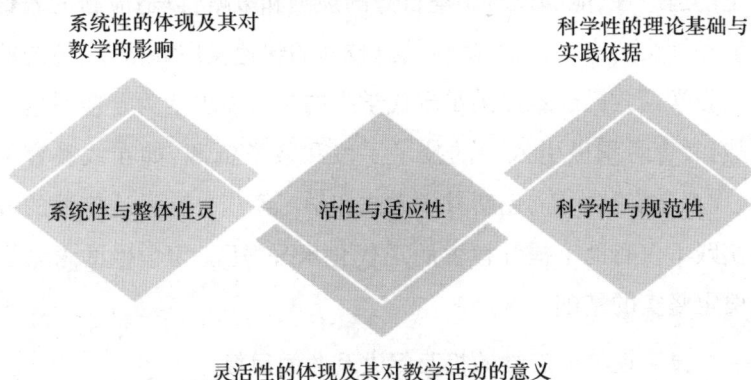

图1-1　课程教学体制的特点

都是独一无二的个体,拥有不同的背景、兴趣和能力。因此,为了满足不同学生的需求,教育者必须根据学生的实际情况,灵活选择和组织课程内容。这种灵活性不仅体现在对不同层次、不同需求学生的个性化教学上,还体现在对教学内容和方法的多样化探索上。例如,面对基础较差的学生,教育者会采用更加直观、生动的教学方式,通过图形、实例等辅助手段,帮助学生更好地理解和掌握知识。而对于兴趣广泛的学生,教育者则会引入更多的拓展性内容,结合学生的兴趣和需求,设计具有挑战性和探索性的学习任务,从而激发学生的学习兴趣和探究欲望。这种灵活性的教学实践,不仅有助于提升学生的学习效果,还能促进学生的全面发展。

2. 适应性的重要性及其对教育环境的响应

　　与灵活性紧密相连的是适应性,它是课程教学体制另一个不可或缺的特点。随着社会的不断发展和进步,教育环境也在不断变化和更新。新的教育理念、技术手段和政策法规的出台,都可能对教学活动产生直接或间接的影响。这就要求课程教学体制具备一定的适应性,能够及时调整自身的规则和策略,以适应新的教育环境和社会需求。例如,随着信息技术的快速发展和普及,传统的课堂教学模式已经难以满足现代学生的学习需求。为了应对这一挑战,教育者积极引入新的技术手段和教学资源,如在线教育平台、虚拟现实技术等,创新教学方式和学习模式。这种适应性的教学实践不仅有助于提升教育的现代化水平,还能为学生的未来发展奠定坚实的基础。

3. 灵活性与适应性的相互促进及共同目标

灵活性和适应性在课程教学体制中并不是孤立存在的,它们相互促进、共同作用于教学活动。灵活性为教育者提供了更多的选择和可能性,能够根据实际情况调整教学策略和方法;而适应性则确保了教育者在面对变化时能够迅速作出反应,保持教学活动的连贯性和一致性。这两个特点的共同作用使得课程教学体制更加完善、更加符合教育发展的需求。

(三)科学性与规范性

1. 科学性的理论基础与实践依据

科学性是课程教学体制得以立足的根基。一个科学的课程教学体制,必须建立在教育学、心理学、认知科学等相关学科的坚实理论基础之上,并经过实践的反复验证。这样的体制能够深刻反映教育教学的客观规律,紧密贴合学生发展的实际需求,为教师的教学活动提供科学、有力的指导和支持。例如,在制定课程目标时,教育者需要深入研究和理解学生的认知发展规律,以及各学科的独特性和内在联系。只有这样,才能制定出既符合学生实际又能有效促进学生全面发展的具体、可衡量的学习目标。在选择教学内容时,教育者同样需要基于对学生的深入了解,选取那些既有趣味性、启发性,又具有代表性和典型性的内容,从而激发学生的学习兴趣,提升学习效果。科学性的实践依据则体现在教学方法的运用上。教育者需要根据学生的学习方式、思维习惯以及个性差异,灵活采用多种教学方法和手段。这种以学生为中心的教学理念,不仅有助于提升学生的学习积极性和参与度,还能培养自主学习能力和创新精神。

2. 规范性的制度化与标准化要求

规范性是确保课程教学体制得以有效实施的重要保障。通过制定和实施一系列明确的教学规范和管理制度,可以确保教学活动的有序进行和教学质量的有效控制。这些规范和制度涵盖了教学计划的制订与执行、教材的选用与编写、教学过程的组织与实施以及教学评价的开展与反馈等各个方面。例如,建立完善的教学评价体系和反馈机制,可以确保教育者及时、准确地了解学生的学习情况和需求反馈。这不仅有助于教育者对教学活动进行及时的调整和优化,还能促进师生之间的有效沟通和互动。同时,制定严格的教学管理制度和纪律要求,则能确保教学过程的规范性和严肃性,维护良好的教学秩序和学习氛围。

3. 科学性与规范性的相互促进与共同目标

科学性和规范性在课程教学体制中并不是孤立存在的,而是相互依存、相互促进的。科学性为规范性提供了理论指导和实践依据,使教学规范和管理制度更加符合教育教学的客观规律和学生发展的实际需求;而规范性则为科学性提供了制度保障和实施条件,确保科学的教学理念和方法得以有效落实和推广。二者的共同目标是提升教学质量和学生学习成果。通过科学性的指导和规范性的保障,教育者可以更加精准地把握教学方向和内容,更加有效地组织和实施教学过程,从而实现教学目标的达成和学生全面发展的促进。

三、课程教学体制的意义与价值

(一)增强教育教学的系统性与连贯性

课程教学体制的首要意义在于,它通过一套系统化、连贯性的规则和策略,确保了教育教学的有序进行。在这种体制下,教育内容、方法、评价等各个环节都紧密相连,共同服务于整体的教育目标。这不仅避免了教育教学过程中的随意性和碎片化现象,还有助于提高教学效率和教学质量。课程教学体制通过明确的课程设置和教学计划,规定了不同阶段、不同学科的教学内容和目标。这使得教育者在教学过程中能够有的放矢,针对学生的实际情况进行有针对性的教学。同时,由于各个教学环节之间的衔接更加紧密,学生在学习过程中也能够循序渐进地掌握知识和技能,增强学习的连贯性和整体性。

(二)保障教学过程的科学性与规范性

课程教学体制的另一个重要意义在于,它通过一系列科学、规范的制度和策略,保障了教学过程的科学性和规范性。这些制度和策略包括教材编写与审定、教学方法与手段的选择与运用、教学过程的监控与评价等方面。在科学性的保障方面,课程教学体制要求教材编写必须基于学科发展和学生认知规律,确保内容的准确性和适宜性。同时,教学方法与手段的选择与运用也要符合教育教学规律和学生发展需求,以提高教学效果。在规范性的保障方面,课程教学体制要求教学过程必须遵循一定的规范和标准,如课时安排、考试评价等,以确保教学的公平性和公正性。

(三)促进教育创新与改革发展

课程教学体制具有重要的促进教育创新与改革发展的价值。在快速发展的当今社会,教育环境和社会需求不断变化,传统的教育教学方式已经难以满足新时代的要求。因此,教育者需要不断进行创新改革,以适应新的形势和挑战。而课程教学体制正是教育创新与改革发展的重要平台和载体。它通过引入新的教育理念、教学方法和技术手段,推动着教育教学过程的变革和创新。例如,随着信息技术的快速发展和普及应用,教育者可以借助网络平台和多媒体手段进行在线教学、远程教育和混合式教学等新型教学模式的探索和实践。同时,课程教学体制还鼓励教育者积极开展跨学科、跨领域的教学合作与交流活动,以拓宽教学视野和资源共享范围,推动教育教学的全面进步和发展。此外,课程教学体制还在促进教师专业成长和提高教师队伍整体素质方面发挥着重要作用。它通过制定明确的教师职责、任务和考核标准等措施,激励着教师不断更新知识结构、提高教育教学能力和专业素养;同时为教师提供了广泛的学习、交流和研究平台及机会,帮助学生拓宽学术视野、提升教育教学水平和科研能力。

第二节　课程教学体制的现状分析

一、传统与现代教学模式的交织

（一）传统教学模式的主导地位及其影响（见图 1-2）

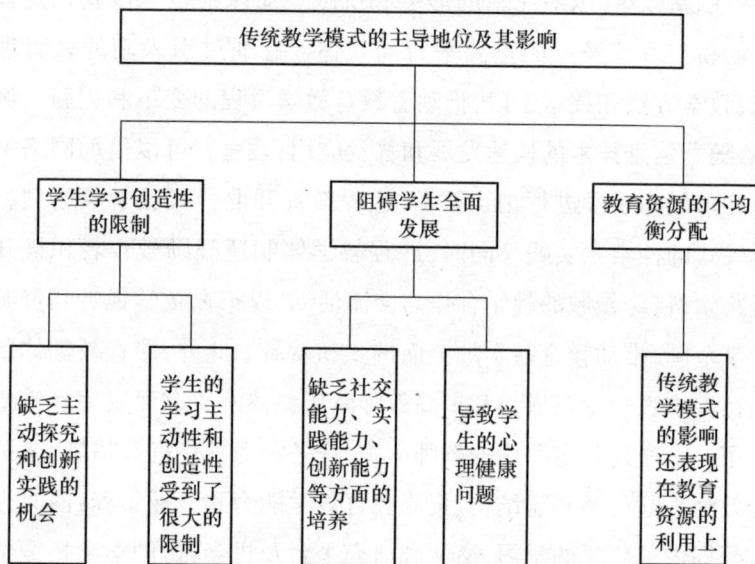

图 1-2　传统教学模式的主导地位及其影响

1. 学生学习创造性的限制

传统教学模式下,教师通常扮演着知识单向传递者的角色,而学生则处于被动接受的状态。在这种模式下,学生往往缺乏主动探究和创新实践的机会,学生的学习主动性和创造性受到了很大的限制。由于教师主导课堂,学生只能按照教师的思路和步调进行学习,难以发挥自己的主观能动性。这种被动的学习方式不仅使学生对学习失去兴趣,还可能导致学生对知识的理解和掌握不够深入和全面。此外,应试教育导向也使学生过于关注考试成绩,而忽视了学习过程和学习兴趣的培养。在应试教育的压力下,学生往往只关注标准答案和考试技巧,而忽略了对知识的深入探究和理解。这种学习方式不仅限制了学生的思维发展,还可能在面对实际问题时缺乏解决问题的能力和创新精神。

2. 阻碍学生全面发展

传统教学模式的主导地位还表现在对学生全面发展的阻碍上。在这种模式下,学生往往只注重学科知识的学习,而忽视了其他方面的发展。学生可能缺乏社交能力、实践能力、创新能力等方面的培养。这种单一的发展模式不仅使学生难以适应现代社会对多元化人才的需求,可能使学生在未来的生活和工作中面临更多的挑战和困难。此外,传统教学模式还可能导致学生的心理健康问题。在应试教育的压力下,学生可能面临巨大的学习压力和心理负担。可能感到焦虑、沮丧、自卑等负面情绪,甚至可能出现心理问题和行为问题。这些问题不仅影响学生的学习和生活质量,还可能对学生的未来发展产生长期的负面影响。

3. 教育资源的不均衡分配

传统教学模式的影响还表现在教育资源的利用上。由于教师主导课堂,教育资源的配置往往以教师为中心,而忽视了学生的实际需求。这可能导致教育资源的浪费和不均衡分配。一些学校可能将大部分资源用于应试科目的教学上,而忽视其他非应试科目的教学需求。这种不均衡的分配方式不仅使教育资源得不到充分利用,还可能加剧教育的不公平现象。此外,传统教学模式可能导致教育资源的浪费。由于教师主导课堂,学生只能按照教师的安排进行学习,而无法根据自己的兴趣和需求进行自主选择。可能导致一些学生对学习失去兴趣,从而造成教育资源的浪费。同时,由于传统教学模式下学生的学习效果往往不佳,这也可能使教育资源的投入无法得到应有的回报。

(二)现代教学模式的引入及其优势

1. 学生主体性的凸显与参与度的提升

现代教学模式强调学生的主体性,鼓励学生积极参与学习过程。在项目式学习中,学生需要围绕某个主题或问题进行深入探究,通过实际操作、调查研究、交流合作等方式来解决问题并建构知识。这种学习方式使学生从传统的被动接受者转变为主动参与者,极大增强了学生的学习兴趣和积极性。同时,翻转课堂模式也为学生提供了更多的自主学习机会,学生在课前通过在线资源预习新知识,课堂上则与教师和同学进行深入讨论和实践应用,这种模式有效提升了学生的课堂参与度和学习效果。

2. 学生综合能力的培养与提升

在项目式学习和翻转课堂中,学生需要运用所学知识解决实际问题,这个过程不仅锻炼了学生的创新能力和批判性思维,还使教师在与同伴的合作交流中提高了沟通能力和团队协作能力。这些能力对于学生未来的学习和工作都具有重要意义,能够帮助学生更好地适应复杂多变的社会环境。

3. 教育资源的优化配置与高效利用

现代教学模式的引入还有利于教育资源的优化配置和高效利

用。通过信息技术手段,如在线教育平台、网络教学资源等,学生可以随时随地进行学习,不受时间和空间的限制。这不仅可以缓解教育资源紧张的问题,使更多学生享受到优质的教育资源,还可以使教育资源得到更加合理和高效的利用。同时,现代教学模式下的在线协作和共享机制也促进了教育资源的共享和流通,进一步提高了教育资源的利用效率,不仅提高了学生的学习兴趣和积极性,还培养了学生的综合能力和创新精神。同时,现代教学模式还有利于教育资源的优化配置和高效利用,为更多学生提供了优质的教育资源和学习机会。因此,应该积极推广和实践现代教学模式,以推动教育事业的持续发展和进步。

(三)传统与现代教学模式交织带来的问题与挑战

1. 现代教学模式的形式化与实质化问题

随着现代教学模式的引入,部分学校和教育者对其进行了尝试和实践。然而,在实际操作过程中,一些教育者可能只是形式上采用了现代教学模式,而实质上仍然沿用传统的教学方法和理念。可能只是简单地将课堂讲解转变为在线视频授课,或者将小组讨论变为形式上的分组讨论,而没有真正理解和把握现代教学模式的核心精神和实质要求。这种做法不仅无法发挥现代教学模式的优势,还可能导致学生产生困惑和不满,对教学效果产生负面影响。

2. 教育资源分配不均与教师素质差异

现代教学模式的推广和实施需要相应的教育资源和教师支持。然而,由于教育资源分配不均和教师素质差异,现代教学模式的推广和实施面临一定困难。在一些教育资源相对匮乏的地区或学校,可能无法提供足够的硬件和软件支持来实施现代教学模式。同时,部分教师可能缺乏必要的信息技术能力和教学设计能力,难以有效地运用现代教学模式进行教学。这些问题不仅限制了现代教学模式的推广范围和实施效果,还可能加剧教育的不公平现象。

3. 传统与现代教学模式融合的复杂性

传统与现代教学模式各有其优点和局限性,如何在两者之间找到平衡点,实现优势互补和有机融合,成为当代课程教学体制需要解决的重要问题。这需要教育者深入研究和理解两种教学模式的本质和特点,根据实际情况进行灵活选择和运用。然而,由于传统与现代教学模式在教学理念、教学方法、评价方式等方面存在较大差异,因此在实际操作过程中可能会出现融合难度和复杂性的问题。例如,教育者可能需要花费大量时间和精力来设计和调整教学方案,以确保两种教学模式的有效融合;同时,教师还需要关注学生的学习反馈和教学效果,及时调整教学策略和方法。

二、课程内容的更新与拓展

(一)课程内容的基础性与拓展性结合

1. 基础性与拓展性的紧密结合

传统的教学往往侧重于基础知识的传授,这在一定程度上确保了学生具备扎实的知识基础。然而,随着社会的快速发展和科技的日新月异,单纯的基础知识已经难以满足社会的多元化需求。因此,当代课程教学体制在坚持基础知识教学的同时,更加注重课程内容的拓展性。这种拓展不仅涉及知识的广度和深度,还包括跨学科、综合性的内容引入。通过引入不同领域的知识和问题,学生可以形成更加全面和深入的理解,也能够培养自己的创新思维和解决问题的能力。这种基础性与拓展性的结合,有助于学生构建更加完善的知识体系,提高学生的综合素养和创新能力。

2. 激发学生兴趣与探究欲望

课程内容的更新与拓展不仅有助于学生知识的掌握,更能激发学生的学习兴趣和探究欲望。当学生接触到新颖、有趣且富有挑战性的课程内容时,学生的好奇心和求知欲会被充分激发。这种内在的驱动力促使学生更加主动地投入到学习中,积极探究未知领域,从而形成自主学习的良好习惯。此外,拓展性的课程内容还能够帮助学生建立与现实世界的联系,使学生更好地理解知识的实际应用价值,增强学习的目的性和针对性。

3. 实践中的挑战与教师队伍建设

课程内容的更新与拓展具有诸多优势,但在实际操作过程中也面临着一些挑战。学校和教育者需要具备前瞻性的教育理念和丰富的教学资源,以确保课程内容的及时更新和有效拓展。此外,教师作为教学活动的主体,学生的专业素养和教学能力直接影响着课程内容的实施效果。因此,要实现课程内容的基础性与拓展性的结合,必须加强教师队伍的建设和培训。这包括提高教师的跨学科知识储备、提升教师的教学设计和组织能力,以及培养教师的创新意识和实践能力。只有这样,教师才能更好地适应课程内容的变革需求,为学生提供更加优质的教学服务。

(二)课程内容的时代性和前瞻性强调

1. 课程内容的时代性与前瞻性需求

随着科技的不断飞跃和社会格局的深刻变化,教育领域正面临着前所未有的挑战和机遇。传统的课程内容和教学观念,在很大程度上已经滞后于时代的步伐,难以有效回应现代社会对人才的需求。因此,将科技前沿成果、社会热点问题等及时引入课程,使课程内容与社会发展保持同步,甚至预见未来的趋势,已经成为当代课程教学体制迫切需要关注的方向。这种时代性和前瞻性的追求,不仅是为了让学生接触和了解最新的科技进展和社会动态,更重要的是培养学生的未来意识。当学生能够在课堂上学习到与现实生活紧密相连,甚至引领未来潮流的知识时,教师的思维方式和行为习惯也会随之改变。教师会更倾向于主动求知、勇于创新,而不是被动地接受过时的信息。

2. 激发学生兴趣与培养社会责任感

将科技前沿和社会热点融入课程,不仅能激发学生的学习兴趣,更能培养学生的社会责任感。当学生发现自己所学的知识与现实世界有着如此紧密的联系时,学生会更加珍惜学习的机会,更加努力地投入到学习中去。同时,通过了解和关注社会热点问题,学生也会逐渐意识到自己作为社会成员的责任和使命,从而更加积极地参与到社会实践中去。此外,与时代紧密相连的课程内容也有助于培养学生的批判性思维和问题解决能力。面对复杂多变的现实问题,学生需要学会独立思考、分析问题、提出解决方案。这种能力的培养,不仅对学生个人的成长具有重要意义,更是对整个社会的创新和发展有着深远的影响。

3. 实现课程时代性的挑战与应对策略

课程内容的时代性和前瞻性需求如此迫切,但要实现这一目标并不容易。学校和教育者需要具备敏锐的市场洞察力和前瞻性思维,才能准确把握科技和社会发展的脉搏,将最新的成果和动态引入课程。同时,教师也需要不断更新自己的知识和技能储备,以适应不断变化的课程内容。为了应对这些挑战,需要加强与社会的联系和合作。学校可以与企业、科研机构等建立紧密的合作关系,共同开发课程、共享资源、交流经验。通过这种方式,学校可以及时了解最新的科技进展和社会动态,确保课程内容的时效性和前瞻性。同时,企业和科研机构也可以从学校中汲取新鲜血液和创新灵感,实现互利共赢。此外,需要加强对教师的培训和支持。学校可以定期组织教师参加专业培训、学术研讨会等活动,提高学生的专业素养和教学能力。同时,学校也可以建立激励机制,鼓励教师积极更新课程内容、创新教学方法和手段。

(三)课程内容的实践性和应用性注重

1.传统教学的局限性与实践教学的兴起

在传统的教学模式下,教育者往往将重心放在理论知识的传授上,而忽视了对学生实践能力的培养。这种做法在一定程度上导致了学生所学知识与实际应用的脱节,使得学生难以将所学内容有效地运用到现实生活中去。然而,随着社会的进步和科技的发展,对人才的要求也在不断提高。除了扎实的理论基础外,具备实践经验和创新能力的人才更受社会的青睐。因此,当代课程教学体制开始注重增加实验、实训、社会实践等环节,以此来提高学生的动手能力和解决问题的能力。这种转变不仅是对传统教学模式的一种反思和修正,更是对未来社会发展趋势的一种积极回应。这种教学方式不仅有助于提高学生的综合素质和能力水平,还能够为社会培养出更多具备实践经验和创新能力的人才。

2.实践教学的重要性及其对学生发展的影响

实践教学在当代课程教学体制中占据着越来越重要的地位。

通过参与各种实践活动,学生可以亲身体验知识的实际应用过程,从而加深对知识的理解和记忆。同时,在实践过程中,学生需要不断思考和探索,这有助于激发学生的创新思维和解决问题的能力。此外,实践教学还能够培养学生的社会责任感和使命感。通过参与社会实践活动,学生可以更加深入地了解社会现实和问题,从而增强自己的社会意识和公民意识。这种责任感和使命感将促使学生更加积极地投入到学习和工作中去,为社会的发展和进步贡献自己的力量。

3. 实现实践教学所面临的挑战与应对策略

实践教学具有诸多优势,但在实际操作过程中面临着一些挑战。首先,学校和教育者需要具备足够的实践教学资源和条件,以确保实践教学的顺利开展。这包括实验设备、实训场地、社会实践基地等方面的建设和管理。同时,教师也需要具备实践教学的能力和经验,以指导学生进行有效的实践活动。为了应对这些挑战,教师需要采取一系列措施。首先,学校和教育者应该加大对实践教学资源的投入和管理力度,确保资源的充足和有效利用。同时,还应该加大对教师的培训和支持力度,提高教师的实践教学能力和水平。此外,学校还可以积极与企业和社会合作,共同开展实践教学活动,为学生提供更多的实践机会和实践平台。

三、评价体系的改革与创新

(一)评价理念的创新:从单一到多元

传统的评价体系往往以考试成绩作为衡量学生学习成果的唯一标准,这种单一的评价方式忽视了学生的个体差异和多元化发展。多元评价理念强调评价内容的多样化、评价方式的多元化和评价主体的多元化。在评价内容上，不仅要关注学生的知识掌握情况，还要注重学生的能力、素质、情感、态度等方面的评价；在评价方式上，除了传统的笔试外，还可以采用口试、实践操作、作品展示等多种方式；在评价主体上，除了教师评价外，还可以引入学生自评、互评以及家长、社会等多元主体的评价。

(二)评价方法的创新：从定量到定性

传统的评价体系通常采用定量的方法对学生的学习成果进行量化处理，如考试分数、排名等。这种定量评价方法虽然具有一定的客观性和可比性，但难以全面反映学生的真实水平和发展潜力。定性评价方法强调对学生学习过程的描述、分析和解释，关注学生的个体差异和发展变化。它可以通过观察、记录、访谈等方式收集学生的学习信息，对学生的学习情况进行深入的分析和判断。定性评价方法有助于更加全面、深入地了解学生的学习状况和发展需求，为教学提供更加准确、有针对性的反馈和建议。同时，它也可以激发学生的学习兴趣和探究欲望，促进学生的自主学习和个性化发展。

(三)评价功能的创新：从甄别到发展

传统的评价体系往往以甄别和选拔为主要功能，通过考试分数对学生进行排名和分类。这种甄别功能虽然在一定程度上能够反映学生的学习成果，但忽视了评价对学生发展的促进作用。因此，评价体系的改革需要创新评价功能，由甄别功能向发展功能转变。发展性评价强调评价的诊断、激励和改进功能，关注学生的进步和发展变化。它旨在通过评价发现学生的优点和不足，为学生提供有针对性的反馈和建议,激发学生的学习兴趣和动力,促进学生的全面发展。发展性评价不仅有助于提高学生的自信心和学习积极性,还可以帮助教师更加准确地了解学生的学习状况和发展需求,为教学提供更加科学、有效的指导。同时,它也可以促进学校、家庭和社会的共同参与和合作,形成教育合力,为学生的全面发展创造更加良好的环境和条件。

第二章 课程教学体制创新的策略与方法

第一节 课程内容的创新设计

一、跨学科融合的内容设计

(一)跨学科融合的意义与价值

跨学科融合的内容设计不仅是对传统课程体系的革新,更是对学生全面发展需求的回应。它将不同学科的知识进行有机融合,使学生能够在一个更宽广的视野下理解知识、掌握技能。这种融合不仅有助于提升学生的综合素养,使学生具备跨学科解决问题的能力,还能够激发学生的创新思维,为未来的学术研究和职业发展打下坚实基础。跨学科融合还有助于培养学生的团队协作精神。在跨学科项目中,学生需要学会与来自不同学科背景的同学合作,共同解决问题。这一过程不仅锻炼了学生的沟通协调能力,还使学生深刻体会到团队协作的重要性。

(二)跨学科融合的实施策略

要实现跨学科融合的内容设计,需要采取一系列有效的实施策略。首先,教师应具备跨学科的知识储备和教学能力。学生不仅需要精通自己的专业领域,还需要对其他相关学科有一定的了解。这样,在教学过程中,教师才能将不同学科的知识进行有机融合,形成具有创新性的课程内容。其次,学校应提供跨学科的教学资源和平台。例如,可以建立跨学科的研究中心或实验室,为学生提供实践机会,还可以开设跨学科选修课程,鼓励学生探索不同领域的知识。这些资源和平台将为学生提供一个更加开放、多元的学习环境,有助于培养学生的创新思维和跨学科能力。

(三)跨学科融合的实践案例与效果评估

跨学科融合的内容设计已在许多学校和课程中得到了成功实践。例如,在 STEM 教育中,科学、技术、工程和数学等学科的融合已成为一种常见的教学模式。通过项目式学习、探究式学习等方式,学生可以在解决实际问题的过程中掌握跨学科的知识和技能。这种教学模式不仅提高了学生的学习兴趣和参与度,还使学生在实践中培养了创新思维和解决问题的能力。为了评估跨学科融合内容设计的效果,可以采取多种方式。例如,可以通过学生的成绩提升、创新思维和团队协作能力的提升等方面来衡量教学效果。此外,还可以通过问卷调查、学生反馈等方式收集学生对跨学科融合课程的看法和建议,以便进一步完善和优化课程内容设计。

二、引入前沿科技与动态更新

(一)前沿科技在课程内容中的重要作用

1. 激发学生兴趣,紧跟科技步伐

前沿科技的引入,使得课程内容不再局限于传统的知识点,而

是与时俱进，与现实生活紧密相连。对于学生而言，能够接触到最新的科技成果和发展趋势，无疑会极大地激发学生的学习兴趣。当课程内容与手机、电脑、互联网等高科技产品息息相关时，学生会更愿意投入时间和精力去探究其中的奥秘。此外，随着科技的飞速发展，许多传统行业正在经历着深刻的变革。将前沿科技引入课程，可以帮助学生更好地了解这些变革背后的原因和推动力，从而为学生未来的职业规划提供更为广阔的视野和更为多元的选择。

2. 培养创新思维与问题解决能力

前沿科技往往伴随着新的问题和挑战，将这些内容引入课程，不仅可以让学生了解到最新的科技动态，更重要的是，可以培养学生的创新思维和问题解决能力。在面对未知领域和复杂问题时，学生需要运用所学的知识和技能，结合创新思维，寻找新的解决方案。这种能力的培养，对于学生未来的学术研究和职业发展都具有重要意义。无论是在科研实验室、还是在企业的研发团队，具备创新思维和问题解决能力的人才都是极为宝贵的。

3. 提升实践能力与操作技能

前沿科技在课程内容中的应用还能够有效提升学生的实践能力和操作技能。通过引入最新的技术和工具，学生可以亲自动手实践，将理论知识转化为实际操作能力。这种实践能力的培养，不仅可以加深学生对理论知识的理解，更能够为学生未来的职业发展打下坚实基础。在今天这个高度信息化的社会，掌握一定的技术能力和操作技能已经成为许多行业的入职门槛。通过课程内容的更新和优化，学生可以提前接触到这些技术和工具，为未来的职业发展做好充分准备。将前沿科技引入课程内容对于激发学生的学习兴趣、培养创新思维和问题解决能力以及提升实践能力和操作技能都具有重要意义。在未来的教育实践中,应该继续关注科技发展的最新动态和趋势,及时更新和优化课程内容,确保学生能够接触到最新、最有价值的知识和技能。同时,还应该鼓励学生积极参与科技实践活动和科研项目,让学生在实践中不断锤炼自己的能力和素质。

(二)行业动态与课程内容的紧密结合

1. 把握行业脉搏,调整学习方向

在快速变化的市场环境中,各行业都在不断变革和创新。新的行业趋势、市场需求以及竞争格局不断涌现,这就要求从业者必须具备敏锐的市场洞察力和快速适应变化的能力。将行业动态引入课程内容,可以使学生及时捕捉到这些变化,从而调整自己的学习方向和目标。通过了解行业的发展趋势和市场需求,学生可以更加明确自己的职业定位和发展方向。学生可以根据市场的变化来调整自己的知识结构和技能储备,确保自己始终站在行业的前沿。这种对市场的敏锐洞察力和快速适应能力,将成为学生未来职业发展中不可或缺的核心竞争力。

2. 培养职业素养,提升综合能力

行业动态不仅关乎市场的变化,更涉及从业者的职业素养和综合能力。将行业动态引入课程内容,可以帮助学生更好地了解行业的规范、标准和要求,从而培养学生的职业素养和综合能力。通过学习和了解行业的最新动态和发展趋势,学生可以更加深入地理解行业的本质和内涵。学生可以了解到行业对从业者的基本素质、专业技能和综合能力的要求,从而有针对性地提升自己的职

业素养。同时,与行业紧密结合的课程内容设计还能够促进学生的实践能力和创新思维的发展。通过参与实际项目和解决现实问题,学生可以将理论知识与实践相结合,提升自己的实践能力和创新思维。这种以实践为基础的学习方式将更加有助于学生的全面发展。

3. 提升就业竞争力,助力未来职业发展

在竞争激烈的就业市场中,具备丰富的行业知识和较高的职业素养的求职者往往更容易脱颖而出。将行业动态引入课程内容,可以帮助学生更好地规划自己的职业发展路径,提升自己在就业市场中的竞争力。通过了解行业的最新动态和发展趋势,学生可以更加清晰地认识到自己的优势和不足。学生可以根据市场的需求和自己的兴趣特长来选择适合自己的职业方向和发展路径。同时,与行业紧密结合的课程内容设计还能够为学生提供更多的实践机会和职业发展资源。通过与行业内的企业、机构和专家建立联系,学生可以获取更多的实习、就业和职业发展机会,从而为自己的未来职业发展奠定坚实基础。

(三) 实现课程内容动态更新的策略与方法

1. 保持敏感度,建立合作关系

教师是实现课程内容动态更新的关键力量。学生应保持对前沿科技和行业动态的敏感度,时刻关注最新的科技成果和行业发展趋势。通过参加学术会议、研讨会以及订阅行业资讯等方式,教师可以及时获取到最新的知识和信息,为课程内容的更新提供有力支持。同时,学校可以与相关企业或机构建立合作关系,共同开发课程内容。这种合作模式不仅可以确保课程内容的实时性和实

用性,还能够为学生提供更多的实践机会和职业发展资源。通过与行业内的专家和企业家进行深度交流,教师可以更加准确地把握行业的需求和趋势,从而将最新的科技成果和行业动态融入课程中。此外,学校还可以引入在线课程和学习平台等数字化资源,为学生提供更加便捷、灵活的学习方式。这些数字化资源可以随时随地获取,使学生能够及时了解到最新的知识和信息。同时,通过在线课程和学习平台的互动功能,学生还可以与来自世界各地的同学进行交流和讨论,拓宽自己的视野和思维方式。

2. 建立课程内容更新机制

为了实现课程内容的动态更新,学校需要建立一套完善的课程内容更新机制。这套机制应包括对课程进行定期评估和修订、收集学生的反馈意见、教师的建议以及行业专家的意见等环节。通过定期评估和修订课程,学校可以及时发现课程内容中存在的问题和不足之处,并进行相应的调整和优化。同时,收集学生的反馈意见和教师的建议也是非常重要的环节。学生是课程的直接受益者,学生的反馈意见可以为课程的改进提供宝贵的参考依据;而教师则具有丰富的教学经验和专业知识,学生的建议可以为课程的优化提供有力的支持。此外,邀请行业专家参与课程的评估和修订也是非常必要的。行业专家具有深厚的行业背景和丰富的实践经验,学生可以为课程内容的更新提供宝贵的建议和意见。通过与行业专家的合作,学校可以更加准确地把握行业的需求和趋势,确保课程内容的实时性和实用性。

3. 加强教师培训和专业发展

教师是实现课程内容动态更新的关键因素。为了提升教师的科技素养和行业认知能力,学校需要加强教师培训和专业发展工作。通过组织定期的培训课程、研讨会以及学术交流活动等方式，学校可以为教师提供持续学习和发展的机会。同时，鼓励教师参与科研项目和行业实践也是非常重要的。科研项目可以使教师更加深入地了解前沿科技和行业动态的发展趋势，而行业实践则可以使教师更加直观地感受到行业的变化和需求。通过参与科研项目和行业实践，教师可以提升自己的实践能力和创新能力，为课程内容的动态更新提供有力支持。此外，学校还可以建立激励机制，鼓励教师积极更新课程内容，如设立奖励制度、提供资源支持等。

三、以学生为中心的个性化教学

（一）以学生的主体地位

以学生为中心的个性化教学首先要尊重学生的主体地位。这意味着在教学过程中，教师应将学生视为学习的主体，而不仅仅是知识的接受者。教师应关注学生的学习兴趣、学习风格和学习需求，尊重学生的个性和差异。通过设计符合学生认知特点的教学活动和任务，激发学生的学习兴趣和探究欲望，使学生在主动参与的过程中建构知识、提升能力。同时，尊重学生的主体地位还要求教师在教学过程中给予学生充分的自主权和选择权。这种自主性和选择性的学习方式有助于培养学生的自主学习能力和创新精神，使学生在学习过程中不断发现自我、实现自我。

（二）设计差异化的教学任务

以学生为中心的个性化教学要求教师根据学生的学习需求和个性差异设计差异化的教学任务。不同的学生具有不同的学习风格、兴趣爱好和认知能力，因此，一刀切的教学任务往往难以满足所有学生的需求。通过设计差异化的教学任务,教师可以为每个学生提供适合学生的学习挑战和机会。差异化的教学任务可以包括不同难度级别的问题、不同主题的研究项目、不同形式的作业等。这些任务旨在满足学生的学习需求,激发学生的学习兴趣和动力。同时,差异化的教学任务还有助于培养学生的多元智能和综合素质,使学生在完成任务的过程中发展自己的优势领域并提升其他领域的能力。

(三)提供个性化的学习支持

以学生为中心的个性化教学要求教师为学生提供个性化的学习支持。这包括针对学生的学习困难提供及时的辅导和帮助,为学生的学习进步提供反馈和建议,以及为学生的个性化学习需求提供资源和指导。个性化的学习支持可以帮助学生克服学习障碍,提升学习效果。通过及时的辅导和帮助,学生可以解决在学习过程中遇到的问题和困难;通过反馈和建议,学生可以了解自己的学习进步和不足之处,从而调整学习策略和方法;通过资源和指导,学生可以满足自己的个性化学习需求,拓宽学习领域和视野。同时,注重学生的反馈和评价也是个性化教学的重要环节。教师应定期收集学生的反馈意见和评价信息,了解对教学内容、教学方法和教学进度的看法和建议。这些反馈和评价信息可以为教师提供宝贵的参考依据,帮助学生及时调整和优化课程内容设计,确保教学的针对性和实效性。

第二节　教学方法与手段的创新应用

一、混合式教学法的深度实践

(一)混合式教学法的实施过程

1. 线上学习平台的搭建与资源发布

线上学习平台是混合式教学法实施的重要基础。教师需要搭建一个功能完善、操作便捷的在线学习平台,为学生提供丰富的学习资源。这些资源包括课程预习材料、教学视频、作业和测试等,旨在引导学生进行自主学习。通过在线平台,学生可以随时随地访问这些资源,根据自己的节奏和兴趣进行学习。同时,线上学习平台还具备数据收集和分析功能,教师可以实时了解学生的学习进度和效果,为后续的教学提供数据支持。

2. 线上互动与问题解决

在线上学习过程中,教师可以通过在线平台与学生进行实时互动,解答学生在自主学习过程中遇到的问题。这种互动方式可以打破时间和空间的限制,让学生随时获得教师的指导和帮助。同时,教师还可以利用在线平台的讨论功能,组织学生进行线上讨论,激发学生的思维活力和合作精神。通过线上互动和讨论,教师可以及时了解学生的学习情况和需求,为后续的教学调整提供依据。

3. 线下课堂教学的深化与拓展

线下课堂教学是混合式教学法的重要组成部分。在面对面的课堂教学中,教师不再重复讲解学生已经在线上学习的内容,而是将重点放在难点和重点的讲解上。这样可以节省课堂时间,提高教学效率。同时,教师还可以利用线下课堂的机会,组织学生进行小组讨论、实验操作等实践活动,培养学生的动手能力和创新精神。在线下教学过程中,教师可以通过观察和互动,深入了解学生的学习情况和需求,为后续的教学提供有针对性的指导。此外,教师还可以利用线下课堂的机会,对线上学习内容进行总结和拓展,帮助学生更好地掌握和理解知识。

(二)混合式教学法的优势分析

1. 突破时空限制,提供灵活学习方式

混合式教学法的魅力之一在于它彻底打破了传统课堂对时间和空间的严格限制。借助在线平台,学生可以自主选择学习的时间和地点,无论是在家中、在图书馆,还是在咖啡厅,只要有网络,学习就可以随时进行。这种灵活性不仅适应了现代学生多样化的生活方式,还有助于激发学生的学习热情和主动性。学生可以根据自己的节奏和兴趣安排学习进度,从而更加高效地吸收知识。

2. 丰富网络资源,拓展教学手段与策略

混合式教学法充分利用了网络资源的丰富性和便捷性,为教师打开了一扇通往无限可能的大门。教师可以通过在线平台获取海量的教学资源,如视频、音频、动画、模拟软件等,这些资源极大丰富了教学手段和策略。教师可以根据课程内容和学生的学习需求,灵活选择和组合这些资源,创设生动、有趣、互动性强的学习环境。这种多样化的教学方式不仅能够激发学生的学习兴趣,还能够提高学生的认知能力和实践技能。

3. 实现个性化教育,满足学生差异化需求

混合式教学法最大的优势之一在于它为实现个性化教育目标提供了有力支持。在线平台可以实时收集和分析学生的学习数据,包括学习时长、互动次数、作业完成情况等,为教师提供精准的学生学习进度和效果反馈。基于这些数据,教师可以深入了解每个学生的个体差异和学习特点,为学生量身定制合适的教学方案和学习路径。这种个性化的教育方式不仅能够满足学生的差异化需求,还能够提高学生的学习成效和自我效能感。在混合式教学法中,教师还可以利用在线平台的功能,如智能推荐、学习分析等,为学生提供更加精准的学习支持和反馈。这些功能可以根据学生的学习表现和需求,推荐相关的学习资源、调整学习进度、提供针对性的学习建议等,从而帮助学生更加高效地学习和成长。

(三)深化混合式教学法的实践策略

1. 强化教师培训,提升混合式教学能力

教师在混合式教学中的角色至关重要,学生的教学能力和技术水平直接影响混合式教学的效果。因此,深化混合式教学法的实践策略的首要任务是强化教师培训。教育部门应组织定期的教师培训活动,包括线上和线下的培训,使教师能够熟练掌握混合式教学的理念、方法和技巧。培训内容可以涵盖在线平台的使用、教学资源的开发、线上线下教学的衔接、学生学习数据的分析等方面。通过培训,教师可以更好地适应混合式教学的要求,提升学生的教学能力和技术水平,为混合式教学的深入开展提供有力保障。

2. 优化在线学习平台,提升学生学习体验

在线学习平台是混合式教学的重要组成部分,它的设计和功

能直接影响学生的学习体验和学习效果。因此,深化混合式教学法的实践策略需要注重优化在线学习平台。平台的设计应以学生为中心,界面简洁明了,操作便捷。同时,平台还应提供丰富的学习资源,包括课程视频、学习资料、在线测试等,以满足学生的多样化学习需求。此外,平台还应具备智能推荐、学习分析等功能,根据学生的学习情况和需求,为学生提供个性化的学习支持和反馈。通过优化在线学习平台,可以提升学生的学习体验和学习效果,进一步推动混合式教学的深入发展。

3. 加强教学互动与评价,促进教学相长

教学互动与评价是混合式教学的重要环节,它们对于提升教学质量和促进学生的全面发展具有重要意义。因此,深化混合式教学法的实践策略需要注重加强教学互动与评价。教师可以通过在线平台与学生进行实时互动,解答学生的疑问,指导学生的学习。同时,教师还可以利用在线平台的讨论区、小组协作等功能,组织学生进行线上讨论和协作活动,培养学生的合作精神和创新能力。此外,教师还应建立科学的教学评价体系,对学生的学习成果进行全面、客观的评价。评价内容可以包括学生的知识掌握情况、学习态度、创新能力等方面。通过加强教学互动与评价,可以促进教学相长,增强混合式教学的整体效果。

二、互动与参与:现代教学手段的创新运用

(一)多媒体教学技术的广泛应用

多媒体教学技术是现代教学手段中的重要组成部分,它通过图文并茂、声像俱佳的方式呈现教学内容,极大地增强了课堂的互

动性和学生的参与度。教师可以利用 PPT、视频、音频等多种媒体资源,创设生动、直观的教学情境,使抽象复杂的知识变得形象易懂。同时,学生也可以通过多媒体设备进行自主学习和探究,如利用交互式电子白板进行小组讨论、展示成果等。在多媒体技术的支持下,教师还可以根据学科特点和学生需求,设计各种互动性的教学活动。例如,在语文课上,教师可以利用多媒体课件展示文学作品中的场景和人物,引导学生通过角色扮演、情景模拟等方式深入理解文本;在数学课上,教师可以利用数学软件设计各种数学游戏和挑战题,让学生在轻松愉快的氛围中掌握数学知识。这些多媒体教学活动不仅提高了课堂的互动性和学生的参与度,还使教学更加生动有趣。

(二)网络教学平台的搭建与应用

网络教学平台是现代教学手段中的又一项重要创新。它打破了时间和空间的限制,为学生提供了更加灵活多样的学习方式。教师可以通过网络教学平台发布课程资源、布置作业、组织在线讨论等,学生则可以利用电脑、手机等终端随时随地进行学习。这种教学方式不仅方便了学生的自主学习,还促进了师生之间的实时交流和互动。在网络教学平台上,教师可以利用各种互动工具提高学生的参与度。例如,教师可以通过在线投票、问卷调查等方式了解学生的学习需求和兴趣点;利用在线测试、学习分析等功能实时掌握学生的学习情况并给予及时反馈;通过在线讨论区、学习小组等功能促进学生的协作学习和交流互动。这些互动工具的应用不仅提高了学生的参与度,还使教学更加具有针对性和实效性。此外,网络教学平台还为个性化教育提供了有力支持。教师可以通过分析学生的学习数据和行为特征,为学生推荐合适的学习资源和学习路径,这种个性化的教育方式不仅满足了学生的差异化需求,还增强了学生的学习积极性和自我效能感。

(三)智能教学系统的研发与应用

智能教学系统是现代教学手段中的前沿领域,它利用人工智能、大数据等技术为教学提供更加智能化、个性化的支持。智能教学系统可以根据学生的学习情况和需求进行智能推荐、智能答疑、智能评价等操作,为学生提供更加精准、高效的学习帮助。同时,智能教学系统还可以对教师的教学行为和教学效果进行智能分析和评估,为教师的教学改进提供有力依据。在智能教学系统的支持下,教师可以设计更加具有挑战性和创新性的教学活动。例如,教师可以利用智能教学系统设计各种竞赛和闯关游戏,让学生在竞争和合作中掌握知识和技能;利用虚拟现实技术为学生创设各种虚拟实验和模拟场景,让学生在亲身体验中感受科学的魅力和乐趣。这些教学活动不仅提高了学生的参与度和学习效果,还培养了学生的创新精神和实践能力。

三、智能教学辅助系统的研发与应用

(一)智能分析与个性化教学

智能教学辅助系统能够实时收集并分析学生的学习数据,包括学习时长、答题准确率、知识点掌握情况等。通过这些数据,系统可以精准地评估每个学生的学习状况,并为学生提供个性化的学习建议和资源。例如,当系统检测到某学生在某一知识点上存在困难时,它可以自动为该学生推送相关的辅导材料、视频讲解或在线练习,帮助学生及时弥补知识漏洞。这种个性化的教学方式不仅能够满足学生的差异化需求,还能提高学生的学习兴趣和学习效果。同时,智能教学辅助系统还能为教师提供精确的学生学习情况反馈。教师可以通过系统查看每个学生的学习进度、成绩变化等,以便及时了解学生的学习状况并调整教学策略。这种教学方式不仅能够减轻教师的工作负担,还能使教学更加具有针对性和实效性。

(二)智能推荐与自主学习

智能教学辅助系统具备强大的智能推荐功能,能够根据学生的学习需求和兴趣,为学生推荐合适的学习资源和学习路径。这些资源可以来自系统的内部数据库,也可以来自互联网上的优质教育资源。通过智能推荐,学生可以更加高效地获取所需的学习资源,提高学生的自主学习效率。此外,智能教学辅助系统还可以根据学生的学习进度和成绩,为学生定制个性化的学习计划。这些计划可以包括每天的学习任务、每周的学习重点、每月的学习目标等,以帮助学生更加有条理地进行自主学习。通过这种方式,学生不仅能够养成良好的学习习惯,还能提高学生的自我管理和自我激励能力。

(三)智能互动与协作学习

智能教学辅助系统还支持智能互动和协作学习。系统可以提供在线讨论区、学习小组等功能,让学生在学习过程中进行实时的交流和互动。同时,系统还可以利用自然语言处理、机器学习等技术,实现与学生的智能对话和答疑,为学生提供更加及时、准确的学习支持。在智能教学辅助系统的支持下,教师还可以组织各种线上线下的协作学习活动。例如,教师可以利用系统创建学习小组,让学生针对某一主题进行深入探讨和研究,或者利用系统的实时反馈功能,组织学生进行课堂互动和竞赛活动。这些活动不仅能够培养学生的协作精神和创新能力,还能提高学生的学习兴趣和参与度。智能教学辅助系统的研发与应用为现代教育带来了革命性的变革。通过智能分析与个性化教学、智能推荐与自主学习以及智能互动与协作学习等方式,系统为教师和学生提供了强大的教学和学习支持。在未来的教学实践中,应继续深入研究和开发智能教学辅助系统的功能和应用场景,以满足日益多样化的教育需求并为培养更多创新型人才贡献力量。

第三节　教学评价体系的创新构建

一、评价观念的更新与重塑

(一)关注学生个体差异和全面发展

1. 采用多元化评价方式

传统教学评价往往以考试成绩为唯一标准,忽视了学生的个体差异和多样性。每个学生都是独一无二的,拥有不同的潜能、兴趣和特长。因此,新的评价观念必须摒弃"一刀切"的做法,转而采用多元化的评价方式来全面、客观地评估学生。多元化评价包括观察学生在课堂上的表现、分析学生的作业和作品、听取学生的自我陈述等多种方法。这些评价方式能够更深入地了解学生的学习情况、兴趣爱好和个性特点,从而为教师提供更为准确、全面的评价依据。例如,对于擅长动手实践的学生,教师可以通过分析其手工制作或科学实验的作品来评价其创造力和实践能力;对于善于表达的学生,教师可以通过课堂发言或写作作业来评价其语言表达能力和逻辑思维。

2. 将评价贯穿于学生学习过程始终

新的评价观念强调评价应贯穿于学生的整个学习过程,而不仅仅是某个阶段的学习成果。这意味着教师需要关注学生在学习过程中的表现和努力,及时给予反馈和指导,以帮助学生更好地掌握知识和提升能力。过程性评价能够让学生更加明确自己的学习目标和方向,及时调整学习策略和方法。同时,它也有助于教师及时发现学生的学习问题和困难,针对性地提供帮助和支持。例如,教师可以通过课堂观察、学习日志、小组讨论等方式来了解学生在学习过程中的表现和思考,从而为学生提供更为个性化的教学服务。

3. 关注学生全面发展,拓宽评价内容范围

新的评价观念还应将学生的能力、态度、情感等纳入评价范围。这是因为学生的全面发展不仅包括学术能力的提升,还包括人际交往、团队协作、创新思维等多方面的素养。在评价学生的能力方面,教师可以关注学生的自主学习能力、批判性思维、解决问题的能力等。这些能力的评价可以通过项目式学习、小组合作、案例分析等方式进行。在评价学生的态度和情感方面,教师可以关注学生的学习态度、价值观、情绪管理等。这些方面的评价可以通过日常观察、学生自评、互评以及心理测评等方式进行。通过拓宽评价内容范围,新的评价观念能够更全面地反映学生的真实水平和综合素质,引导学生发现和发展自己的潜能和优势。同时,它也有助于教师更准确地把握学生的学习状况和需求,为学生提供更具针对性的指导和帮助,进而促进学生的全面发展与个性化成长。

(二) 强调多方参与和主体性评价

1. 全面反映学生情况

传统的教学评价中,教师往往是唯一的评价者,而学生、家长等其他重要利益相关者的声音常被忽视。新的评价观念则强调多方参与,包括教师、学生、家长等,共同构建一个全面、多维度的评价体系。这样的评价方式能够更全面地反映学生的学习情况、个性特点和发展需求。例如,家长可以提供学生在家庭环境中的学习情况和进步,学生则可以反馈自己在学习过程中的感受和困难,从而为教师提供更丰富的评价信息,有助于教师做出更准确的判断和更有针对性的指导。

2. 提升学生自主性

新的评价观念尊重学生作为学习主体的地位,鼓励学生积极参与评价过程。这意味着学生不再是被动的接受者,而是能够主动对自己的学习过程进行反思、总结和评价。通过自我评价,学生可以更清晰地认识自己的学习状态、发现自身存在的问题,并寻求改进的方法。这种主体性评价方式有助于提升学生的自主性、责任感和自我管理能力,也能培养学生的批判性思维和问题解决能力。

3. 形成评价共同体

多方参与和主体性评价还强调教师、学生、家长之间的有效互动和沟通。评价不再是一个孤立的环节,而是成为教学和学习过程中不可或缺的一部分。教师可以通过定期的家长会、学生座谈会等方式,与家长和学生进行面对面的交流,共同讨论学生的学习进展和问题。同时,也可以利用网络平台等现代技术手段,建立即时反馈机制,让家长和学生能够随时了解评价结果和反馈意见。这样的互动和沟通有助于形成一个紧密的评价共同体,共同促进学生的全面发展。

(三)注重评价的激励与引导功能

1. 转变评价焦点,关注学生成长与进步

传统的教学评价常常将重心放在学生的知识掌握程度和考试成绩上,以此来衡量学生的优劣。然而,这种评价方式往往过于单一和刻板,忽略了学生在学习过程中所付出的努力、所取得的进步以及所具备的潜能。因此,新的评价观念应当从甄别与选拔的功能中解脱出来,更加关注学生的成长与进步。评价不再是简单地给学生贴上一个标签,而是要成为促进学生发展的有力工具。教师需要用欣赏的眼光去看待每一个学生,发现学生身上的闪光点,及时给予正面的反馈和鼓励。这种关注成长与进步的评价方式,能够让学生感受到自己的价值被认可,从而激发学生的学习动力和自信心。

2. 以激励和引导为核心,助力学生自我超越

在新的评价观念下,激励和引导成为评价的核心要素。评价不仅要指出学生的不足,更要看到学生的优点和努力,通过正面的激励引导学生不断向前发展。教师可以通过多种方式来激励学生,如设立奖学金、颁发荣誉证书、组织学习竞赛等,让学生在争取这些奖励的过程中体验到成功的喜悦。同时,针对学生在学习中遇到的问题和困难,教师要及时给予具体的指导和建议,帮助学生找到解决问题的方法和途径。这种以激励和引导为主的评价方

式,能够帮助学生明确努力方向、实现自我超越,并培养学生的自主学习能力和终身学习习惯。

3.结合形成性评价与终结性评价

为了更全面地评价学生的学习情况并提供有针对性的指导,新的评价观念还倡导将形成性评价和终结性评价相结合。这种评价方式能够帮助学生及时发现问题并改进学习策略,提高学生的学习效率和质量。而终结性评价则主要在学习阶段结束后进行,通过考试、测验等方式来衡量学生的学习成果。这种评价方式能够为教师提供关于学生学习状况的总结性反馈,为后续教学提供参考依据。通过将形成性评价与终结性评价相结合,教师可以更加全面、客观地评估学生的学习情况,并提供更加精准、个性化的指导和支持。这种评价方式不仅能够促进学生的全面发展,还能够提升教师的教学水平和质量,实现教学相长的良性循环。

二、评价内容与方法的多元化探索

(一)拓展评价内容,关注学生多维发展

1.拓展评价内容,全面反映学生真实水平

在传统的教学评价体系中,知识掌握情况往往被视为衡量学生优劣的唯一标准。然而,随着教育理念的转变,人们逐渐认识到学生发展的多维性。因此,创新教学评价体系的首要任务是拓展评价内容,使之能够全面反映学生的真实水平和综合素质。这意味着,除了传统的知识测试外,还应将学生的实践能力、创新能力、团队协作能力等多个方面纳入评价范围。例如,可以通过开展实验、社会实践等活动来考查学生的实践能力;通过设置开放性问

题、创新性任务等来激发学生的创新思维;通过小组合作、角色扮演等方式来评估学生的团队协作能力。这样,评价内容更加丰富多元,能够更全面地展现学生的真实面貌。

2. 关注学生多维发展,激发学习兴趣和动力

拓展评价内容的目的不仅在于全面反映学生的真实水平,更在于引导学生关注自身多维发展,激发学生的学习兴趣和动力。当评价内容不再局限于单一的知识掌握情况时,学生会更加意识到自身在能力、态度、情感等多个方面的发展潜力。这种意识将促使学生更加积极地参与学习活动,主动探索未知领域,努力提升自身在各个方面的素养。同时,多元化的评价方式也能够让学生感受到学习的乐趣和成就感,从而进一步增强学生的学习动力。

3. 准确把握学生学习状况,提供针对性的指导和帮助

通过拓展评价内容,教师能够更准确地把握学生的学习状况和需求。在传统的以考试成绩为主要评价标准的体系下,教师往往只能了解到学生在知识掌握方面的不足,而难以触及学生在其他方面的发展问题。而在创新教学评价体系中,教师可以通过观察学生在不同评价环节中的表现来发现学生在能力、态度、情感等方面的短板和潜力。这样,教师就能够根据每个学生的实际情况提供更具针对性的指导和帮助。例如,对于在实践能力方面表现欠佳的学生,教师可以设计更多的实践活动来帮助学生提升动手能力;对于在创新能力方面有潜力的学生,教师可以给予更多的创新任务和资源支持来激发学生的创新思维。通过这样的针对性指导和帮助,教师能够更好地满足学生的学习需求,促进学生的全面发展。

（二）量化评价与质性评价相结合，实现评价方法的多样性

1. 客观展现学生的学习成果

量化评价作为一种传统且广泛的评价方法，其重要性在创新教学评价体系中依然不容忽视。它以数据为基石，提供了客观、精确的衡量尺度。通过考试分数、测试成绩等量化指标，能够清晰、直观地看到学生在各个学科领域的学习成效。这种评价方法便于对学生的表现进行横向比较，帮助教师识别学生的优势与不足，进而调整教学策略，促进教育公平。此外，量化评价还为教育管理部门提供了制定教育政策、分配教育资源的重要依据。然而，数字背后的学生个体差异性、学习过程中的努力和成长轨迹等方面往往被量化评价所忽视，因此需要寻求与质性评价的结合，以实现更为全面的学生评价。

2. 深入揭示学生的内心世界

与量化评价相比，质性评价更加注重对学生内心世界、情感体验和成长过程的探索与解读。它通过观察、访谈、作品集等多种方式收集学生信息，强调评价者与被评价者之间的互动与沟通。在质性评价中，每个学生的独特性、创造性和复杂性得以充分体现，学生的声音和视角成为评价的重要组成部分。这种评价方法有助于更深入地了解学生的学习动机、学习风格以及学生在学习过程中所面临的挑战和困难。通过质性评价，教师能够更有针对性地为学生提供个性化指导和支持，促进学生的全面发展。

3. 实现全面、真实的学生评价

将量化评价与质性评价相结合是创新教学评价体系的重要趋

势。这种结合方式既保留了量化评价的客观性、精确性优势,又弥补了其对学生内心世界和成长过程关注不足的缺陷。通过综合运用两种评价方法,能够更全面、真实地反映学生的学习情况和进步轨迹。这种结合方式有助于发现学生的潜在优势和特长领域,为学生提供更具针对性的发展机会和资源支持。同时,它还能够增强教师与学生之间的互动与信任,提升学生对评价的认同感和参与度。最终,这种结合方式将为学生的个性化教育提供有力依据和支持,推动教育事业的持续创新与发展。在实现量化评价与质性评价相结合的过程中,需要不断探索和完善具体的操作方法和策略,以确保两种评价方法能够优势互补、协同发展。例如,可以采用综合评价报告、成长记录袋等方式来整合量化评价和质性评价的结果,为每个学生提供个性化、全面化的发展建议和指导方案。

(三)引入自评、互评等多元化评价方式,促进学生自我反思和欣赏他人

1. 引导学生深入反思,激发学习动力

在传统的教学评价体系中,学生往往只是被动地接受教师的评价,而缺乏对自己学习过程和成果的深入反思。为了改变这一现状,创新教学评价体系中引入了自评这一重要环节。自评不仅要求学生对自己的学习成果进行客观的评价,更引导学生深入反思自己的学习过程、方法、态度等方面。通过这种反思,学生能够更加清晰地认识到自己的优点和不足,从而明确努力的方向,激发内在的学习动力。自评的过程也是学生自我教育和自我提升的过程。在自评中,学生需要对自己的学习进行全面的审视,这有助于

学生形成自主学习的习惯和能力。同时,自评还能够增强学生的自信心和责任感,让学生更加珍视自己的学习成果和努力。

2. 培养学生欣赏他人,提升团队协作能力

除了自评之外,互评也是创新教学评价体系中的重要组成部分。互评是指学生之间相互进行评价的过程,它强调学生之间的合作与交流,有助于培养学生的团队协作精神和沟通能力。在互评中,学生需要学会欣赏他人的优点和进步,这不仅能够增强学生的自信心和归属感,还能够促进班级内部的和谐氛围。同时,互评也要求学生提出建设性的意见和建议,这有助于学生形成批判性思维,提升解决问题的能力。通过互评,学生可以更加全面地了解他人的学习情况和成果,从而取长补短,共同进步。

3. 营造积极学习氛围,促进学生全面发展

引入自评、互评等多元化评价方式的目的在于营造一个积极向上、互帮互助的学习氛围。在这种氛围中,学生能够更加主动地参与到评价过程中来,增强学生的自主性和责任感。同时,多元化评价方式也有助于教师更加全面地了解学生的学习情况和需求,从而提供更加个性化的指导和帮助。自评和互评的结合使用,可以让学生从多个角度审视自己的学习,更加客观地认识自己。这种评价方式不仅能够促进学生的自我反思和进步,还能够培养学生的团队协作精神和批判性思维。最终,这些能力的提升将有助于学生的全面发展,为学生未来的学习和生活奠定坚实的基础。

三、信息化技术在教学评价中的创新应用

(一) 实时跟踪与精准评价

信息化技术为教学评价提供了实时跟踪和精准评价的可能

性。这些数据不仅反映了学生的学习状态,更隐藏着学生的学习规律和潜在问题。利用大数据分析技术,教师可以对这些数据进行深入挖掘和分析,从而更准确地把握每个学生的学习特点和需求。例如,通过对比不同学生的学习进度和成绩变化,教师可以发现哪些学生在某些知识点上存在困难,进而为学生提供有针对性的辅导和支持。此外,基于人工智能的推荐系统还可以根据学生的学习数据和兴趣偏好,为学生推送个性化的学习资源和建议。

(二)创新性的评价环境构建

信息化技术还可以用于构建创新性的评价环境。例如,借助虚拟现实技术(VR)技术和增强现实(AR)技术,教师可以为学生打造沉浸式的虚拟实验室,让学生在模拟的真实环境中进行实践操作和科学探究。同时,在线测试系统也是信息化技术在教学评价中的重要应用之一。通过在线测试系统,教师可以轻松地组织学生进行在线自测、模拟考试等活动,及时了解学生的学习成果和问题所在。而学生则可以根据自己的学习进度和需求,随时随地进行自我检测和巩固练习,从而更加高效地掌握知识和提升能力。这些创新性的评价环境不仅为学生提供了更加丰富多样的学习资源和评价方式,更让学生在轻松愉悦的氛围中展示自己的才能和潜力,实现自我超越和发展。

(三)数据驱动的决策支持

信息化技术在教学评价中的另一个重要应用是提供数据驱动的决策支持。通过收集和分析大量的学生学习数据,教师可以更加科学地评估教学效果和预测学生发展趋势,从而为教学改进和课程优化提供有力依据。教师可以利用大数据分析技术对历年来的学生成绩进行纵向对比和横向关联分析,发现教学中的薄弱环节和潜在问题;同时结合学生的学习反馈和意见调查等信息,对教学方法和手段进行持续改进和创新。这种基于数据的决策支持不仅能够提高教师的教学水平和质量,更有助于推动整个教育行业的进步和发展。同时,这些数据还可以为教育管理者提供宝贵的决策参考。学生可以根据学生的学习数据和评价结果来调整教育政策、优化资源配置、改进教学管理等方面的工作,从而更加有效地促进教育公平和提升教育质量。

第三章　课程教学体制与教师发展

第一节　课程教学体制对教师角色的新要求

一、教师角色的转变：从单一传授到全面引导

（一）关注学生的学习需求、兴趣爱好和个性特点

1. 深入了解学生的学习需求

学习需求是学生学习过程中的核心动力，它直接关系到学生的学习积极性和学习效果。因此，教师需要通过多种渠道去了解学生的学习需求，包括与学生的日常交流、定期的学习反馈调查以及对学生学习行为的细致观察等。在了解了学生的学习需求后，教师还需要对这些需求进行深入的分析和解读，以便找出学生在学习中遇到的困难和挑战，进而为学生提供有针对性的帮助和支持。对于学习基础薄弱的学生，教师可以通过额外的辅导和练习来帮助学生夯实基础；而对于学习能力较强的学生，教师则可以通过提供更高层次的学习资源和挑战来激发学生的学习潜力。这样，每个学生都能够在自己的学习轨道上稳步前行，实现个性化的学习发展。

2. 尊重学生的兴趣爱好

兴趣爱好是学生个性发展的重要体现，也是学生学习过程中

的重要支撑。当学生对某一领域或主题产生浓厚的兴趣时,学生会更加投入地去学习和探索,从而取得更好的学习效果。因此,教师需要尊重并关注学生的兴趣爱好,尝试将学生的兴趣点与教学内容相结合,以此来激发学生的学习兴趣和学习动力,让学生在阅读和分析的过程中感受到语文学习的乐趣和价值。在科学课程中,教师可以通过设计趣味性的科学实验和探究活动来吸引学生的注意力,让学生在动手实践的过程中掌握科学知识和科学方法。

3. 依据学生的个性特点制定教学方案

每个学生都有其独特的个性特点,这些特点在一定程度上决定了学生的学习方式和学习风格。因此,教师在制定教学方案时需要充分考虑学生的个性因素,确保教学方案能够与学生的个性特点相匹配。对于性格内向、沉稳的学生,教师可以采用更为细致和深入的教学方式,鼓励学生在思考和表达上更加深入和精准;而对于性格外向、活泼的学生,教师则可以采用更为开放和多元的教学方式,鼓励学生在交流和合作中展现自己的才华和创意。通过这样的个性化教学方案,每个学生都能够在适合自己的学习环境中得到充分的发展和提升。

(二)设计多样化的教学活动,激发学生的学习兴趣和积极性

1. 创新教学方法,引入生动案例与真实情境

为了激发学生的学习兴趣,教师需要不断探索和尝试新的教学方法。其中,情境教学法和案例教学法是两种极具代表性的创新教学方式。情境教学法通过创设与教学内容紧密相关的真实情境,让学生在模拟的环境中学习、体验和解决问题。这种教学方式能够帮助学生更好地理解知识的应用场景,提升学生的知识迁移能力和问题解决能力。而案例教学法则是通过引入生动、具体的案例,引导学生进行深入分析和讨论。在案例教学中,学生不再是被动的知识接受者,而是成为主动的知识探索者和问题解决者。通过对案例的深入剖析,学生不仅能够加深对知识点的理解,还能在分析和解决问题的过程中锻炼自己的思维能力和表达能力。

2. 利用现代教学手段,丰富教学内容和形式

随着科技的不断发展,多媒体技术和网络资源为教学提供了更多的可能性。教师应该充分利用这些现代教学手段,丰富教学内容和形式,使课堂教学更加生动有趣。通过多媒体技术,教师可以制作精美的课件、动画和视频,将抽象的知识点以直观、形象的方式呈现出来,降低学生的认知难度。同时,网络资源也为教师提供了海量的教学素材和拓展资源,教师可以根据教学需求进行筛选和整合,为学生提供更加丰富多彩的学习内容。

3. 组织课外活动和实践项目,拓展学生的学习空间

课外活动和实践项目也是激发学生学习兴趣和积极性的重要途径。通过组织各种形式的课外活动,如学术讲座、知识竞赛、文化沙龙等,教师可以为学生提供更多的学习交流和展示自我的机会。同时,实践项目如社会实践、科研创新等则能够让学生在亲身实践中感受到知识的力量和探索的乐趣。教师可以组织学生参加学术讲座,邀请行业专家或学者为学生分享前沿知识和最新研究成果,从而激发学生的学术热情和研究兴趣。教师还可以引导学生参与社会实践项目,如环保志愿活动、社区服务等,让学生在服务社会的过程中培养社会责任感和公民意识。对于科研创新项目,教师可以鼓励学生自主选择研究方向和课题,为学生提供必要的指导和支持,让学生在科研探索中锻炼创新思维和实践能力。

(三)培养学生的自主学习能力、合作探究能力和创新思维能力

1. 培养学生的自主学习能力

自主学习能力是学生终身发展的基础。为了培养学生的这一能力,教师需要引导学生认识到自主学习的重要性,并帮助学生建立起自主学习的意识和习惯。具体来说,教师可以教会学生如何制订合理的学习计划,如何有效地管理学习时间,以及如何通过各种途径获取学习资源。同时,教师还应为学生创造一个宽松、自主的学习环境,鼓励学生在课外时间进行自主学习和拓展,从而不断提升自己的知识水平和技能。

2. 培养学生的合作探究能力

合作探究能力是学生团队协作和社会交往的重要技能。在课堂教学中,教师可以通过小组合作学习的形式,促进学生之间的讨论和交流。这种学习方式不仅能帮助学生相互学习、取长补短,还能培养学生的团队协作精神和沟通能力。在小组合作中,教师应鼓励学生积极参与讨论,发表自己的观点和见解,并学会倾听和尊重他人的意见。同时,教师还应引导学生学会如何分工合作,如何共同解决问题和完成任务,从而不断提高学生的合作探究能力。为了增强小组合作学习的效果,教师还可以定期组织小组之间的成果展示和评比活动,让学生在竞争中学会合作,在合作中实现共赢。

3. 培养学生的创新思维能力

创新思维能力是学生应对未来挑战的关键能力。为了培养学生的创新思维能力,教师需要打破传统的教学束缚,引导学生进行

创新性思考和实践性探索。在教学过程中,教师应鼓励学生勇于尝试新事物、提出新观点、解决新问题,培养学生的创新意识和创新精神。同时,教师还应为学生提供丰富的创新实践机会,如组织科技创新竞赛、开展研究性学习等,让学生在实践中锻炼创新思维能力和实践操作能力。此外,教师还可以邀请行业专家或创新型企业家来校举办讲座或工作坊,与学生分享创新经验和故事,从而激发学生的创新热情和动力。

二、教师能力的提升:从教学技能到综合素养

(一)扎实的学科知识是基础

在新的课程教学体制下,教师的角色已经从单纯的知识传授者转变为学生学习和发展的全面引导者。这一转变对教师的能力提出了更高的要求,其中扎实的学科知识是成为一名优秀教师的基础。学科知识不仅包括基本的概念、原理和方法,这些是构建学科体系的基石,教师必须对其有深入透彻的理解。只有掌握了这些基本概念和原理,教师才能在教学中游刃有余,引导学生逐步深入探索学科的奥秘。此外,学科知识还涉及学科的历史背景、发展现状和未来趋势,这些内容能够帮助教师更好地理解学科的本质和价值,从而在教学中更好地传递学科的精神和内涵。为了扎实学科知识,教师需要不断更新自己的知识库,紧跟学科发展的前沿。学生可以通过多种途径来拓宽自己的学术视野,如阅读专业书籍、参加学术会议、与同行交流等。阅读专业书籍可以帮助教师系统地掌握学科的基本理论和知识体系;参加学术会议则可以让教师了解最新的研究成果和学术动态,与同行交流则可以激发教师的思维火花,促进学生对学科知识的深入理解和应用。同时,教

师还应该将学科知识与实际生活相联系,让学生在实践中感受学科的魅力。这种联系可以帮助学生更好地理解学科知识的应用价值,增强学生的学习兴趣和动力。

(二)广博的文化素养是拓展

文化素养不仅是指教师对人文社科知识的掌握程度,更包括学生的价值观念、审美情趣和人文精神。一个文化素养高的教师,能够在教学中旁征博引,将知识与文化相融合,从而赋予课堂更深厚的文化底蕴和更宽广的视野。这种融合不仅可以帮助学生更好地理解知识本身,还能培养学生的综合素养,使学生在学习过程中得到更全面的发展。为了提高文化素养,教师需要广泛涉猎各种领域,积累丰富的人文知识。通过阅读经典名著来汲取人类文明的精华,通过观赏艺术作品来提升自己的审美情趣,通过关注社会热点来了解时代的发展和变迁。这些积累不仅可以帮助教师丰富自己的文化内涵,还可以为学生的教学提供源源不断的灵感和素材。同时,教师注重培养自己的人文精神也是至关重要的。人文精神是教师文化素养的核心,它体现了教师对学生的关怀、对社会的责任和对人类文明的追求。

(三)敏锐的时代意识和创新能力是关键

在新的时代背景下,教师需要具备敏锐的时代意识和创新能力才能跟上教育发展的步伐。时代意识要求教师能够洞察时代发展的趋势,把握教育改革的方向,及时调整自己的教学策略和方法以适应新的教育环境和学生需求。这种意识可以帮助教师更好地把握教育发展的脉搏,使学生的教学始终保持在时代的前沿。而创新能力则要求教师能够勇于尝试新事物、敢于挑战传统、用创新的思维和方法去解决教学中的问题以创造更优质的教育环境和学习体验。这种能力可以激发教师的创造力和探索精神,使学生的教学充满活力和新意。为了培养敏锐的时代意识和创新能力,教师需要保持开放的心态和终身学习的精神。学生应该积极关注时代发展的前沿动态、了解教育改革的最新政策和实践成果、学习新的教育理念和技术应用等。这些学习可以帮助教师不断更新自己的教育观念和知识体系,为学生的教学创新提供有力的支撑。同时,教师勇于尝试新的教学方法和手段也是非常重要的,如翻转课堂、项目式学习、在线教育等。这些新的教学方法和手段可以为学生提供更加多样化、个性化和高效的学习体验,使学生的学习更加有趣、有意义和有效果。在尝试过程中,教师应该保持开放和包容的态度,鼓励学生积极参与和反馈,与学生共同探索和创新,从而创造出更加美好的教育未来。

三、教师合作的强化:从孤立教学到团队协作

(一)教师之间建立良好的沟通机制和合作关系

要实现团队协作,教师之间必须建立起良好的沟通机制和合作关系。这意味着教师需要打破传统的孤立状态,主动寻求与其他教师的交流与合作。通过定期的教研活动、教学研讨会以及教师间的互相观摩和学习,教师可以分享彼此的教学经验和资源,共同探讨教学中的问题和挑战。良好的沟通机制和合作关系不仅有助于教师之间的知识共享和经验传承,还能够促进教师之间的情感交流和思想碰撞。在这种氛围中,教师可以更加开放地接纳不同的观点和建议,从而不断完善自己的教学理念和方法。同时,这种合作关系还能够增强教师的归属感和使命感,激发学生为团队

的发展贡献自己的力量。

(二)教师具备团队合作精神和领导能力

在团队协作中,教师不仅要具备良好的沟通能力,还需要具备团队合作精神和领导能力。团队合作精神是指教师要能够积极参与团队活动,与团队成员相互支持、密切配合,共同完成教学任务和目标。这需要教师具备较强的团队意识和大局观念,能够将个人的利益与团队的整体利益相结合,为团队的共同目标而努力。同时,教师还需要注重培养自己的领导能力。领导能力并不仅仅是指挥和管理团队的能力,更重要的是带领团队共同应对教学中的各种挑战和问题,推动团队的不断发展和进步。这需要教师具备前瞻性的眼光和创新性的思维,能够引领团队不断探索新的教学方法和策略,提高整体的教学水平和质量。

(三)团队协作促进教师的专业成长和学生的全面发展

团队协作的强化不仅有助于提升教师的教学水平和质量,还能够促进教师的专业成长和学生的全面发展。通过团队协作,教师可以相互学习、取长补短,不断完善自己的知识结构和教学技能。同时,团队协作还能够为教师提供更多的发展机会和资源,如参与课题研究、撰写学术论文等,从而推动学生的专业成长和职业发展。团队协作的强化还能够为学生的全面发展提供更加优质的教育服务。在团队协作的氛围中,教师可以更加关注学生的需求和特点,为学生提供更加个性化和多样化的教学方案。同时,通过教师之间的合作与交流,学校可以构建更加完善的教育体系,为学生提供更加全面和丰富的教育资源和课程选择。

第二节　教师专业发展的路径与策略

一、持续学习,更新教育观念

(一)积极参加培训与学习活动

1. 掌握最新教学方法

在快速发展的 21 世纪,教育领域的变革与创新日益频繁,前沿的教育理念与新兴的教学方法如雨后春笋般涌现。对于身处这一时代的教师而言,持续接触并掌握这些新的教育理念和教学方法,不仅是对自身专业素养的提升,更是对学生负责、对教育事业贡献的具体体现。通过参加在线课程、研讨会、工作坊等多样化的培训和学习活动,教师能够打破地域和时间的限制,与全球范围内的教育专家和同行进行深度交流。这种交流不仅为教师带来了最前沿的教育理念,还提供了将理念转化为实践的具体路径。例如,在现代教育技术日新月异的背景下,许多新的教学工具和平台如慕课、微课、虚拟现实技术等不断涌现。这些技术为教学提供了更多的可能性和便捷性,但如何有效地将它们融入日常教学中,则需要教师具备相应的理念和技能。培训和学习活动正是教师获取这些理念和技能的重要途径。在这些活动中,教师不仅可以了解到最新的教育技术动态,还可以亲身体验到这些技术在教学中的实际应用效果。通过专家的现场指导和同行的经验分享,教师可以更加明确自己在教学技术运用上的方向和目标,从而避免盲目跟风或浅尝辄止。

2. 提升教学技能

培训和学习活动为教师提供了丰富的实践机会和展示平台。在这些活动中,教师可以通过模拟教学、案例分析、小组讨论等方式,将所学理论知识转化为实际的教学技能。模拟教学让教师有机会在一个相对安全的环境中尝试新的教学方法和技术,从而检验其可行性和有效性;案例分析则让教师从他人的成功或失败中汲取经验和教训,避免自己在实际教学中走弯路;而小组讨论则促进了教师之间的交流与碰撞,激发了教师更多的教学灵感和创新思维。此外,培训和学习活动还通常包含专家点评和同行反馈等环节。这些环节为教师提供了宝贵的反馈和建议,帮助学生更加清晰地认识到自己在教学技能上的长处和不足。基于这些反馈和建议,教师可以有针对性地进行改进和提升,使自己的教学技能更加符合当前教育教学的要求和学生的实际需求。

3. 传递正能量给学生

教师作为学生学习路上的重要引路人,其自身的学习态度和热情对学生有着深远的影响。一个热爱学习、不断追求进步的教师往往能够成为学生的榜样和楷模,激发学生的学习热情和进取心。积极参加培训和学习活动的教师向学生传递了一种积极向上的学习态度和精神风貌。当学生看到学生的老师都在不断地学习和进步时,学生会受到潜移默化的影响,开始重视自己的学习并投入到其中去。这种正能量的传递不仅有助于构建积极向上的学习氛围和班级文化,还能为学生的全面发展提供有力的支持。同时,热爱学习的教师也更能理解和尊重学生的个体差异和多元需求。学生愿意花时间去了解每一个学生的特点和需求,为学生提供个性化的教学服务和支持。这种关注和理解让学生感受到被尊重和关爱,从而更加积极地投入到学习中去并努力实现自己的目标。

(二)养成阅读习惯,关注教育改革

1. 拓宽知识视野,提升理论素养

教育是一个涉及广泛领域的复杂系统,教师需要具备广博的知识储备和深厚的理论素养才能胜任这一职业。通过阅读教育类书籍和学术期刊,教师可以接触到国内外教育专家的最新研究成果和教育理念,从而不断拓宽自己的知识视野。同时,深入阅读还能帮助教师提升理论素养,使其能够更加深入地理解教育现象和问题,为教学实践提供有力的理论支撑。

2. 了解教育改革动态,把握发展趋势

教育改革是教育发展的永恒主题,也是教师职业发展的重要背景。通过阅读,教师可以及时了解国内外教育改革的最新动态和趋势,包括政策走向、课程改革、教学方法创新等。这些信息对于教师调整教学策略、跟上时代步伐具有重要意义。同时,关注教育改革还能使教师更加明确自己的职业发展方向和目标,从而更加有针对性地进行自我提升。

3. 培养批判性思维,明智决策

阅读不仅能够帮助教师获取知识,还能培养其批判性思维。在阅读过程中,教师需要学会独立思考、分析判断,而不是盲目接受书中的观点。这种批判性思维的形成,能够使教师在面对复杂的教育情境时保持清醒的头脑,以更加客观、全面的视角看待问题。同时,具备批判性思维的教师还能更加明智地进行教学决策,从而确保教育教学的质量和效果。此外,阅读还能为教师提供精神上的滋养和心灵上的慰藉。在繁忙的教学工作中,阅读可以成

为教师放松心情、调节节奏的一种方式。通过阅读,教师可以暂时远离尘嚣、沉浸于知识的海洋,享受那份宁静与充实。这种精神上的满足和愉悦感,对于提升教师的工作幸福感和职业认同感具有积极作用。

(三) 注重理论与实践相结合

1. 检验学习成果,发现不足并改进

教师的学习并非孤立存在,而是需要与实际教学紧密相连。教师将所学的理论知识运用到实际教学中,这不仅是对知识的一次实践检验,更是对自己教学能力的一次全面考查。在这个过程中,教师可能会遇到种种挑战,如学生反应不如预期、教学方法难以实施等。但正是这些挑战,为教师提供了宝贵的反思机会。当某种教学方法在实践中效果不佳时,教师不应简单归咎于学生或外部因素,而应深入反思:是方法本身存在问题,还是自己在实施过程中有所偏差?通过这样的反思,教师能够更准确地找到自己的不足之处,并据此进行有针对性的改进。这种从实践中发现问题、在理论中寻求解决方案的良性循环,不仅有助于提升教师的教学水平,还能推动其不断地向教育专家的方向迈进。

2. 关注学生个性化需求,探索适合的教学方法

在如今强调学生主体的教育背景下,如何满足学生的个性化需求成为每位教师必须面对的问题。而理论与实践相结合,为教师提供了解决这一问题的有力武器。通过深入了解学生的学习风格、兴趣和需求,教师可以根据这些实际情况,灵活运用所学的理论知识,探索出适合学生的教学方法和手段。例如,对于喜欢视觉学习的学生,教师可以尝试运用图表、图像等直观的教学材料;对

于喜欢动手实践的学生,教师可以设计实验、操作等互动性强的教学环节。这种以学生为中心、以实践为导向的教学方法,不仅能够激发学生的学习兴趣和积极性,还能帮助学生在学习过程中实现自我成长和发展。

3. 进行教学反思和总结,提炼教学经验

教学实践是教师成长的沃土,而反思和总结则是从这片沃土中汲取养分的关键。通过回顾自己的教学过程、分析其中的成功与失败,教师能够提炼出宝贵的教学经验。这些经验不仅是对过去教学的肯定与否定,更是对未来教学的指引与启示。这种反思和总结并非一次性活动,而应贯穿于教师的整个职业生涯。每当教学实践告一段落,教师都应抽出时间进行深入的反思和总结。这样,教师才能不断积累教学经验、完善自己的教学理念和技能。同时,这种持续不断的反思和总结也有助于推动教师实现自我超越和发展。

二、教学研究,提升实践能力

(一)积极参与课题研究,深化教育教学理解

课题研究是教学研究的重要组成部分,它鼓励教师针对教育教学中的热点问题和难点问题进行深入探讨。在课题研究的过程中,教师需要广泛阅读相关文献,了解前人的研究成果,同时结合自己的教学实践,提出切实可行的解决方案。这一过程不仅能够锻炼教师的科研能力,还能够加深教师对教育教学规律的理解,为日后的教学实践奠定坚实的基础。此外,课题研究还能够激发教师的创新精神和探索欲望。在解决问题的过程中,教师需要不断

尝试新的方法和手段,这种勇于创新的精神对于教师的专业发展至关重要。同时,成功的课题研究还能够为教师带来成就感,增强教师的职业自信,从而进一步激发教师投身教学研究的热情。

(二)重视教学反思,不断优化教学实践

教学反思是教学研究的另一个重要环节。通过对自己的教学过程进行回顾和总结,教师能够及时发现存在的问题,并寻求改进的方法。这种自我反思的过程对于提升教师的实践能力具有显著的作用。在教学反思中,教师需要以批判性的眼光审视自己的教学实践,不仅要总结成功的经验,更要敢于面对和剖析自己的不足。同时,教师还需要积极听取同事和学生的意见和建议,以便更加全面地了解自己的教学情况。通过这种深入的反思和总结,教师可以逐渐形成自己独特的教学风格,增强教学实践的针对性和实效性。

(三)开展合作研究,共享教学智慧

合作研究是教学研究中的一种重要形式,它鼓励教师与同事之间进行深入的交流和探讨,共同解决教学中的问题。通过合作研究,教师可以相互启发、相互学习,从而更加高效地探索出有效的教学方法和手段。在合作研究中,教师需要保持开放的心态,愿意与他人分享自己的经验和成果。同时,教师还需要注重团队合作的精神,尊重他人的观点和贡献,努力营造和谐、积极的研究氛围。通过这种合作研究的方式,教师不仅能够提升自己的实践能力,还能够促进整个教师团队的共同成长和进步。同时,在合作的过程中,数据的收集和分析显得尤为重要。教师们可以共同设计教学实验,收集学生的学习数据,运用科学的研究方法和技术手段

进行实证分析。这不仅能够确保研究结果的客观性和准确性,还能够为教学改进提供有力的数据支持。此外,将研究成果转化为实际教学策略和方法,应用到课堂教学中,能够直接提升教学效果,满足学生的学习需求。

三、合作交流,拓宽发展视野

(一)积极参与学术会议和研讨活动,汲取前沿教育理念

学术会议和研讨活动是教育领域内思想碰撞和智慧交流的重要平台。教师应该积极参与这些活动,与来自不同地区的同行进行深入交流。通过这些交流,教师可以了解到最新的教育研究成果、先进的教学方法和实践经验,以及不同文化背景下的教育理念。这些新鲜的思想和观点能够激发教师的创新思维,拓宽其教学思路,为其教学实践注入新的活力。同时,学术会议和研讨活动还为教师提供了展示自己研究成果和教学经验的机会。通过分享自己的心得和体会,教师不仅能够获得同行的认可和鼓励,还能够进一步巩固和提升自己的专业素养。这种积极的互动和反馈机制有助于形成良好的学术氛围,推动教师专业的持续发展。

(二)加强与校外机构的合作,丰富教学资源

除了学术界的交流外,教师还应该积极寻求与校外机构的合作机会。这些机构包括企业、社区、非营利组织等,它们拥有各自独特的资源和优势,能够为教育教学提供宝贵的支持。通过与这些机构的合作,教师可以获得更丰富的教学资源和手段,如实习机会、社会实践项目、志愿者活动等,从而提升学生的综合素质和社

会适应能力。此外,与校外机构的合作还能够促进教师之间的跨学科交流和团队协作。不同领域的教师和专业人士共同参与到教育项目中来,相互学习、取长补短,有助于打破学科壁垒,形成更加全面、综合的教学体系。这种跨界的合作模式不仅能够提升教师的专业素养,还能够为学生的全面发展创造更多可能性。

(三)利用网络平台,开展跨国交流

随着信息技术的飞速发展,网络平台为教师之间的跨国交流提供了前所未有的便利。教师应该充分利用这些平台,与国外的教师进行实时互动和交流。通过这种跨国交流,教师可以了解到不同国家的教育制度、文化背景和教学方法,从而拓宽自己的国际视野,提升跨文化交流的能力。同时,网络平台还为教师提供了丰富的教学资源和学习材料。教师可以随时随地访问国外的教育网站、在线课程和学术论坛,获取最新的教育资讯和研究成果。这些资源不仅能够帮助教师及时更新自己的知识库,还能够为其教学实践提供有益的参考和借鉴。在合作交流的过程中,教师需要保持开放的心态,勇于尝试新的方法和理念。同时,教师还应该注重实效性和可持续性,确保合作交流能够真正为教育教学带来实质性的改进和提升。通过建立长期稳定的合作关系和交流机制,教师能够实现资源共享和互利共赢,共同推动教育事业的繁荣发展。

第四章　技术融合与课程教学创新

第一节　教育技术的发展趋势
及其对课程教学的影响

一、教育技术的智能化发展

（一）智能化教育技术提升教学精准度

1.实时跟踪与深度挖掘学生学习数据

在传统的教学模式中,教师往往只能通过课堂表现、作业和考试等有限的方式来了解学生的学习情况,这种方式不仅效率低下,而且难以全面反映学生的真实学习状态。然而,智能化教育技术的引入,使得教师可以通过大数据分析,实时跟踪和深度挖掘学生的学习数据。这些数据包括学生的学习进度、成绩变化、学习时长、互动频率等,能够为教师提供全面、客观的学生学习画像。通过对学生学习数据的实时跟踪和深度挖掘,教师可以更准确地掌握每个学生的学习状态,及时发现学生的学习问题和需求,从而为学生提供更具针对性的教学帮助。例如,当教师发现某个学生在某一知识点上的学习进度明显滞后于其他同学时,就可以及时与该学生沟通,了解他的学习困难和需求,并提供相应的辅导资源和学习建议。

2. 提供精准化的教学建议和资源推荐

智能化教育技术不仅能够实时跟踪学生的学习数据,还能够根据这些数据为教师提供精准化的教学建议和资源推荐。通过智能分析学生的学习数据,教学系统可以准确地识别出学生在哪些知识点上存在短板或困惑,并智能推荐相关的学习资源和练习题。这种精准化的教学方式,使得教学更加符合学生的实际需求,提高了学生的学习效率和成绩。同时,智能化教育技术还可以根据学生的学习风格和兴趣偏好,为教师提供个性化的教学建议。例如,对于喜欢视觉学习的学生,教师可以利用丰富的图片和视频资源来辅助教学;对于喜欢动手实践的学生,教师可以设计更多的实验和操作环节来激发学生的学习兴趣。

3. 助力教师及时调整教学策略

智能化教育技术还为教师提供了实时的教学反馈机制。通过对学生学习数据的持续跟踪和分析,教师可以及时了解教学效果和学生的学习反应,并根据这些反馈及时调整教学策略。这种动态的教学策略调整机制,使得教学更加灵活和高效,能够更好地适应学生的学习变化和需求变化。当教师发现某个教学策略在实际应用中效果不佳时,就可以根据智能教学系统的反馈及时调整教学策略,尝试其他更有效的教学方法。这种及时的教学策略调整不仅能够提高教学效果和学生的学习满意度,还能够促进教师的专业成长和创新能力的提升。

(二)智能化教育技术促进个性化教育实现

1. 精准识别学生的学习风格和兴趣点

智能化教育技术通过先进的机器学习算法,能够深入分析学生的学习行为和偏好。系统可以追踪学生的学习路径,记录学生在不同学科和知识点上的停留时间、互动频率等,从而精准地识别出每个学生的学习风格和兴趣点。这种精准识别为个性化教育提供了坚实的数据基础,使得教师能够更准确地把握每个学生的独特之处,为学生提供更具针对性的教学服务。

例如,对于视觉型学习者,智能化教育技术可以推荐富含图表和图像的学习资料;而对于听觉型学习者,系统则可以提供丰富的音频讲解和讲座资源。这种与学生学习风格相匹配的教学资源,能够极大地提升学生的学习效率和兴趣。

2. 提供个性化的学习资源推荐

基于对学生学习风格和兴趣点的精准识别,智能化教育技术能够为每个学生提供个性化的学习资源推荐。系统可以根据学生的历史学习数据和偏好,智能筛选出符合其需求的学习资源,如相关领域的书籍、在线课程、实验项目等。这种个性化的学习资源推荐,不仅丰富了学生的学习内容,还让学生在探索未知领域的过程中更加得心应手。同时,智能化教育技术还能够根据学生的学习进度和反馈情况,动态调整学习资源推荐策略。当学生在某个知识点上遇到困难时,系统可以及时推荐相关的辅导资料和练习题,帮助学生突破学习瓶颈。这种动态调整机制使得个性化教育更加灵活和高效。

3. 支持教师实现因材施教

智能化教育技术不仅为学生提供了个性化的学习体验,还为教师提供了强大的教学支持。通过系统提供的学生学习数据和分析报告,教师可以更全面地了解每个学生的学习状况和需求,从而为学生提供更加贴心的辅导和支持。这种因材施教的教育理念在智能化教育技术的助力下得以真正实现。教师可以根据学生的个性化需求和学习进度,为学生定制专属的学习计划和课程安排。同时,教师还可以利用智能化教育技术提供的实时反馈机制,及时调整教学策略和方法,以确保教学效果最大化。这种以学生为中心的教学方式不仅提升教师的教学质量,还促进了学生的全面发展。

(三)智能化教育技术推动教育公平发展

1. 智能化教育技术实现教育资源的均衡分配

在传统的教学模式下,优质的教育资源往往集中在少数地区和学校,导致许多学生无法享受到高质量的教育服务。而智能化教育技术的出现,打破了这一局面。借助互联网和大数据技术,优质的教育资源可以跨越时空的限制,实现全球范围内的共享和传播。无论是城市的重点学校,还是偏远的乡村小学,只要拥有稳定的网络连接,学生就能够接触到同样丰富、多样的学习资源和教学课程。这种教育资源的均衡分配,不仅消除了地域间的教育鸿沟,也让更多的学生有机会接触到先进的教育理念和教学方法。例如,通过在线课程平台,学生可以聆听到世界顶级大学的教授授课,参与到国际级的学术讨论中。这种平等获取教育资源的机会,极大地激发了学生的学习热情和探索欲望,也为学生未来的职业发展奠定了坚实的基础。

2. 智能化教育技术提供个性化的学习支持

智能化教育技术还能够根据每个学生的学习情况和需求,提供个性化的学习支持。在传统的教学模式下,由于教师精力有限,很难照顾到每个学生的个性化需求。而智能化教育技术则能够通过大数据分析和机器学习算法,精准地识别出每个学生的学习特点和问题所在,并为学生提供量身定制的学习方案。这种个性化的学习支持,不仅提高了学生的学习效率,也让学生感受到了教育的温暖和关怀。例如,对于学习基础薄弱的学生,智能化教育技术可以提供基础知识的巩固练习和逐步引导的学习路径;而对于学习成绩优秀的学生,系统则可以提供更高层次的挑战和拓展资源。这种因材施教的教学方式,让每个学生都能够在适合自己的学习节奏中不断进步和成长。

3. 智能化教育技术促进教育机会的均等化

智能化教育技术的普及和应用,还为促进教育机会的均等化提供了有力的支持。在传统的教学模式下,由于各种因素的制约,许多学生往往无法获得公平的教育机会。而智能化教育技术则能够通过降低教育门槛和扩大教育覆盖面,让更多的学生有机会接受优质的教育服务。通过在线教育平台,学生可以不受时间和地点的限制,随时随地进行学习。这种灵活的学习方式,不仅为那些因工作、家庭等原因无法参加传统课堂学习的学生提供了便利,也为那些身处偏远地区、缺乏教育资源的学生带来了希望。

二、教育技术的交互性增强

(一)创造真实生动的学习环境

VR 和 AR 等技术的最大特点在于能够构建一个虚拟但高度逼真的学习环境。在这个环境中,学生可以身临其境地感受到知识的存在和应用,从而更加直观地理解和掌握所学内容。例如,在地理教学中,利用 VR 技术可以模拟出地球的运动轨迹和气候变化过程,让学生在虚拟环境中观察并感受地理现象的奥妙。这种学习方式不仅增强了学生的学习兴趣,还提高了学生对知识的理解和记忆。同样,在历史课程中,AR 技术可以还原历史事件的发生场景,让学生穿越时空,亲身体验历史。通过与历史人物的互动和对历史事件的参与,学生能够更加深入地了解历史的真相和意义,从而培养起对历史的敬畏和热爱。这种交互式的学习方式不仅打破了传统历史教学的枯燥和单调,还激发了学生的历史想象力和创造力。

(二)学生的学习兴趣和动力

交互性教育技术的运用极大地激发了学生的学习兴趣和动力。在传统的课堂教学中,学生往往处于被动接受的状态,很难长时间保持注意力集中。然而,在高度交互的学习环境中,学生需要主动参与到学习过程中来,通过动手实践、探索发现等方式来完成学习任务。这种主动式的学习方式不仅让学生感受到了学习的乐趣和成就感,还培养了学生的自主学习能力和终身学习的意识。此外,交互性教育技术还能够根据学生的个体差异和学习需求提供个性化的学习路径和资源。每个学生都可以根据自己的兴趣、能力和进度来选择适合自己的学习内容和学习方式,从而更加高效地完成学习任务。

(三)培养学生的创新思维和实践能力

交互性教育技术的运用不仅改变了学生的学习方式,还对学生的思维方式和能力发展产生了深远的影响。在高度交互的学习环境中,学生需要不断地进行探索、尝试和创新才能完成任务。这种学习方式不仅培养了学生的创新思维和解决问题的能力,还让学生在实践中学会了如何与他人合作、如何有效地沟通和交流。同时,交互性教育技术还为学生提供了更加广阔的学习空间和资源。学生可以通过互联网等渠道获取到丰富多样的学习材料和案例,从而拓宽自己的知识视野和认知范围。这种开放式的学习方式不仅让学生接触到了更多的知识和信息,还培养了学生的批判性思维和终身学习的能力。

三、教育技术的移动化趋势

(一)移动学习带来的时空灵活性

1. 随时随地的学习体验

移动学习的出现,使得学生不再受限于特定的学习场所和时间。无论是身处家中、户外,还是利用零散的闲暇时间,学生都能通过手机、平板电脑等便携设备,轻松接入学习平台,进行自主学习。例如,在上下学的路上,学生可以利用乘坐公交车的时间观看教学视频,或者利用课间休息完成一个小测验。这种学习方式不仅有效利用了碎片时间,还使得学习更加贴近学生的日常生活,增强了学习的便捷性和可及性。

2. 个性化的学习路径

移动学习的时空灵活性还为学生提供了个性化的学习路径选择。学生可以根据自己的实际情况,选择合适的学习时间和地点,以及感兴趣的学习内容。同时,教师也可以通过移动学习平台收集学生的学习数据,进行精准的教学干预,为学生提供更加个性化的学习支持。

3. 对教师教学方式的挑战与变革

移动学习的普及也对教师的教学方式提出了新的挑战和要求。传统的课堂教学模式已经无法满足学生随时随地学习的需求，因此教师需要积极拥抱移动学习，将教学内容进行碎片化处理，制作成适合移动学习的短小精悍的教学资源。这不仅要求教师具备较高的信息技术应用能力，还需要学生转变教学理念，从以教师为中心转向以学生为中心，更加注重学生的自主学习和协作学习。同时，教师还需要利用移动教学平台与学生进行实时的互动和交流，及时了解学生的学习情况，提供有针对性的指导和帮助，以确保移动学习的有效性和连贯性。

（二）移动学习丰富学习资源与形式

1. 海量多元的学习资源

移动学习的魅力之一，在于其能够汇聚来自全球各地的优质学习资源。通过移动设备，学生可以轻松访问到海量的学习资料，这些资料不仅涵盖文本、图片、视频、音频等多种形式，还包括了互动模拟、在线讲座、实时数据等多种类型。这种多元化的学习资源为学生提供了更加广阔的学习视野和选择空间。例如，在历史课程中，学生不再仅仅局限于课本上的文字描述，而是可以通过观看历史事件的图片、视频资料，甚至参与虚拟的历史场景模拟，从而更加直观地了解历史事件的背景和过程。这种学习方式不仅能够提高学生的历史感知能力，还能够激发学生的学习兴趣和动力。此外，移动学习还能够实时更新学习资源，确保学生接触到的是最新、最前沿的知识信息。这种实时性对于科学、技术、社会等快速发展领域的学习尤为重要。学生可以通过移动设备随时获取到最新的科研成果、技术动态和社会热点,保持与时代的同步发展。

2. 创新多样的学习形式

移动学习不仅丰富了学习资源,更在学习形式上带来了革命性的创新。传统的课堂教学往往以教师讲授为主,学生处于被动接受的状态。而移动学习则打破了这种单一的学习模式,为学生提供了更加多样化的学习形式。例如,在科学课程中,教师可以利用虚拟现实(VR)技术,为学生创建一个身临其境的科学实验环境。学生可以通过 VR 眼镜和手柄,亲自操作实验器材,观察实验现象,探索科学的奥秘。这种沉浸式的学习方式不仅能够提高学生的实践操作能力,还能够培养学生的创新思维和科学素养。除了虚拟现实技术外,移动学习还支持在线协作、互动讨论等多种学习形式。学生可以通过移动设备与同伴进行实时的在线交流和合作,共同解决问题、完成任务。这种协作式的学习方式不仅能够提高学生的沟通能力和团队协作精神,还能够培养学生的批判性思维和创新能力。

3. 个性化的学习路径选择

移动学习的另一个显著优势在于其能够为学生提供个性化的学习路径选择。学生可以根据自己的实际情况和兴趣点,选择适合自己的学习资源和方式。例如,有些学生喜欢通过观看视频来学习新知识,而有些学生则更喜欢通过阅读文本来深入理解某个概念。移动学习平台能够为学生提供多种学习路径选择,让学生根据自己的喜好和习惯进行自主学习。同时,移动学习还能够根据学生的学习进度和反馈情况,智能推荐相关的学习资源和练习题目。这种智能化的学习辅导不仅能够帮助学生及时巩固所学知识,还能够为学生的后续学习提供有针对性的指导建议。

（三）移动学习面临的挑战与应对策略

1. 确保学生的学习质量

移动学习环境的开放性和自由性为学生提供了极大的学习空间，但也带来了诸多干扰因素。学生可能会因为社交媒体、游戏等诱惑而分散注意力，导致学习效果大打折扣。为确保学生的学习质量，教师需要采取一系列有效的措施。一方面，教师可以通过设定明确的学习目标、布置具有挑战性的学习任务，以及提供及时的反馈和评价，来引导和督促学生保持专注并投入学习。另一方面，教师还可以利用移动教学平台的数据分析工具，实时追踪学生的学习轨迹和成绩变化，从而及时调整教学策略，提供个性化的辅导和支持。

2. 预防学生沉迷网络

移动设备为学生提供了便捷的网络接入途径，然而过度使用或不当使用可能导致学生沉迷网络，对身心健康产生不良影响。为防止学生沉迷网络，教师需要与家长紧密合作，共同建立合理的上网规范和时间管理制度。同时，教师还可以在课堂上穿插网络安全和网络素养教育的内容，引导学生正确认识和使用网络资源。此外，通过开展丰富多彩的课外活动和社团活动，引导学生将注意力和兴趣转移到线下实体交流中，也是预防学生沉迷网络的有效途径。

3. 优化移动学习的教学策略与管理

面对移动学习带来的种种挑战，教师需要不断更新教学理念和技术手段，制定出更加贴合实际的教学策略和管理措施。例如，教师可以充分利用移动教学平台的互动功能，设计生动有趣的线上教学活动,激发学生的学习兴趣和参与热情。同时,通过平台上的小组讨论、在线问答等方式,加强师生之间的即时互动与交流,提高教学效果。在管理方面,教师可以借助移动设备的定位功能,进行线上签到和课堂管理,确保学生的学习纪律和参与度。此外,通过定期发布学习报告和进步榜单等方式,也可以激励学生保持持续的学习动力和进取心。

第二节　信息技术在课程教学中的应用与创新

一、信息技术丰富课程教学内容与形式

(一)信息技术提供海量资源与多媒体呈现

1. 互联网资源的丰富性

信息技术的迅猛发展,特别是互联网的普及,为教师提供了一个前所未有的、无边界的知识宝库。过去,教师可能需要花费大量时间和精力去图书馆或专业机构搜集教学资料。如今,只需轻点鼠标,便可通过网络搜索引擎、专业的教育教学数据库、在线图书馆等工具,轻松获取到与课程内容相关的海量资源。这些资源涵盖了文字、图片、视频、音频等多种形式,极大地丰富了教学内容,使教师能够更加灵活、多样地呈现知识,激发学生的学习兴趣。

2. 多媒体素材助力直观教学

信息技术不仅提供了海量的教学资源,更重要的是,这些资源以多媒体的形式呈现,使得教学内容更加生动、形象。例如,在地理课上,教师可以通过展示美丽的风景图片或视频,让学生更直观

地感受地理风貌；在历史课上，教师可以通过播放历史事件的音频或视频资料，让学生仿佛置身于历史现场。这种多媒体的教学方式，不仅提高了教学内容的吸引力和感染力，更有助于学生形成直观、深刻的知识印象，提升学生的学习效果。

3. 个性化与定制化教学资源的实现

信息技术还支持教师对教学资源进行个性化和定制化的处理。在传统的教学模式下，教师往往只能按照统一的教学大纲和教材进行教学，难以充分考虑到学生的个体差异。然而，借助信息技术，教师可以根据学生的实际情况和需求，灵活选择和组织教学内容。例如，对于基础较差的学生，教师可以挑选一些基础性的、易于理解的资源；对于学有余力的学生，则可以提供一些拓展性的、有挑战性的资源。这种以学生为中心的教学方式，充分体现了因材施教的教育理念，有助于增强学生的学习兴趣和积极性，促进学生的全面发展。同时，信息技术的这种个性化教学资源定制能力，也为教师提供了更大的创新空间。教师可以根据自己的教学理念和风格，对教学资源进行独特的整合和创新，形成自己独特的教学特色和品牌。这不仅有助于提升教师的教学水平和成就感，更能为培养具有创新精神和实践能力的新时代人才提供有力支撑。

（二）信息技术推动教学形式的创新与变革

1. 教学形式的多样化与灵活化

信息技术的发展为教学带来了革命性的变化，其中最显著的一点就是教学形式的多样化和灵活化。传统的课堂教学往往局限于固定的教室和统一的时间表，而信息技术则打破了这些限制。

如今,在线教学、远程教学等新兴形式使得教学不再受地域和时间的束缚。教师可以通过网络平台进行直播授课或提供录播课程,让学生在任何时间、任何地点都能接触到优质的教学资源。这种变化不仅为学生提供了更多的学习机会,也促进了教育资源的均衡分布。

2. 学生主体地位与教师主导作用的凸显

在信息技术支持下,教学形式更加注重学生的主体地位和教师的主导作用。传统的填鸭式教学逐渐被探究式、协作式学习所取代。在这些新的教学形式中,学生不再是知识的被动接受者,而是积极参与到学习过程中,通过自主探究和合作学习来构建知识体系。例如,教师可以利用信息技术创设问题情境,引导学生进行探究学习,让学生在解决问题的过程中掌握知识和技能。同时,教师也可以通过网络平台对学生的学习过程进行实时监控和指导,确保每位学生都能得到个性化的关注和帮助。

3. 自主学习与个性化学习的实现

信息技术还为学生提供了自主学习和个性化学习的有力支持。这种学习方式充分尊重了学生的个体差异,让每位学生都能按照自己的节奏和方式进行学习。同时,信息技术还能根据学生的学习情况提供智能化的学习建议和反馈,帮助学生及时发现并纠正学习中的问题,提升学习效果。此外,信息技术还支持个性化学习路径的定制。学生可以通过智能学习系统获取针对自己学习特点和需求的学习资源和推荐路径,实现更高效的知识吸收和能力提升。这种个性化的学习方式有助于培养学生的自主学习能力和终身学习习惯,为学生的未来发展奠定坚实的基础。

(三)信息技术促进师生互动与实时反馈

1. 突破时空限制的师生互动

信息技术的发展为师生互动提供了前所未有的便利,打破了传统教学中时间和空间的限制。通过在线教学平台、即时通信工具等手段,教师和学生可以随时随地进行沟通和交流。这种即时性不仅体现在课堂上的问答互动,更延伸到课外的辅导、咨询和讨论。教师可以随时掌握学生的学习动态,学生也能在遇到问题时及时获得教师的帮助和指导。这种跨越时空的师生互动模式,极大地增强了教学的灵活性和针对性,为个性化教学和因材施教提供了有力支持。

2. 实时反馈与即时调整的教学策略

信息技术使得教学过程中的实时反馈成为可能。教师可以通过在线平台发布作业、测试和学习任务,学生完成后即可提交并获得即时的反馈。这种反馈机制不仅让学生及时了解自己的学习成果和不足,也为教师提供了调整教学策略的依据。这种以数据为驱动、以反馈为导向的教学模式,有助于增强教学的针对性和有效性。

3. 基于数据的精准教学与个性化指导

信息技术还支持教师利用大数据分析和挖掘技术,对学生的学习过程进行全面跟踪和评估。通过收集和分析学生在学习平台上的行为数据、学习成果等,教师可以更准确地把握每个学生的学习特点、学习需求和问题所在。基于这些数据,教师可以为每个学生提供个性化的学习建议和指导方案,实现精准教学。这种基于数据的精准教学模式,不仅提高了学生的学习效率和成果质量,还有助于培养学生的自主学习能力和创新思维能力。同时,信息技术还支持多种评价方式的实现,如过程性评价、表现性评价等,使得教学评价更加全面、客观和公正。教师可以利用信息技术手段对学生的学习过程、学习态度、学习成果等进行多维度评价,为学生提供更全面的反馈和指导。这种多元化的评价方式有助于激发学生的学习兴趣和积极性,促进学生的全面发展。

二、信息技术提升课程教学效率与质量

(一)信息技术优化教学设计与组织

1. 信息技术提升教学课件制作与资源整合效率

随着信息技术的迅猛发展,教师如今能够利用丰富多样的教学软件和在线平台,轻松地制作出高质量的教学课件。这些软件通常提供海量的模板和素材,支持教师快速整合文字、图片、音频、视频等多种教学资源,生成图文并茂、生动有趣的课件。相比传统的板书和纸质教案,电子课件不仅更加直观和易于理解,还能大幅节省教师在课堂上的板书时间,提高教学效率。同时,信息技术还帮助教师实现了教学资源的共享和协同编辑。教师可以通过网络平台,将课件和教学资料分享给其他教师或学生,实现资源的最大化利用。多人协同编辑的功能也使得教学团队能够更高效地合作,共同完善和优化教学内容。此外,信息技术在资源整合方面的优势还体现在对海量教学资源的筛选和分类上。教师可以通过搜索引擎和专业的教育教学数据库,快速找到所需的教学资源,并利用相关工具进行整理和分类,形成系统化的教学资源库。这不仅方便了教师的教学工作,也为学生提供了更为丰富和多样的学习

材料。

2. 信息技术实现教学管理的数字化与智能化

信息技术在教学管理方面的应用,为教师带来了极大的便利。传统的纸质试卷和作业管理方式不仅效率低下,而且容易出错。而现在,教师可以利用专门的软件或在线平台,轻松实现试题的电子化编制、作业的在线布置与批改等功能。这种数字化的管理方式不仅极大节省了教师的时间和精力,还能确保数据的准确性和安全性。信息技术还支持教学数据的实时采集和分析。教师可以通过相关系统,随时查看学生的学习进度、作业完成情况、测试成绩等数据,以便及时发现问题并进行针对性的辅导。这些数据还可以为教师的教学反思和改进提供有力的依据,帮助教师不断优化教学策略和方法。此外,智能化的教学管理系统还能根据学生的学习情况和需求,为教师提供个性化的教学建议和方案。这些系统通常具备强大的数据挖掘和分析能力,能够发现学生的学习规律和潜在问题,从而为教师提供更加精准和有效的教学支持。

3. 信息技术助力教师精准掌握学情与优化教学

信息技术的发展使得教师能够更加精准地掌握学生的学习情况。这些数据包括学生的答题记录、学习时长、互动次数等,能够客观地反映学生的学习状态和效果。基于这些数据,教师可以及时发现学生的学习难点和误区,进行针对性的指导和帮助。例如,对于某个知识点掌握不牢固的学生,教师可以提供额外的练习和讲解资源;对于学习进度滞后的学生,教师可以调整教学计划和策略,以确保学生能够跟上教学进度。同时,信息技术还支持教师进行教学反思和总结。教师可以通过对比不同班级、不同学生的学习数据,分析教学方法和策略的有效性,从而不断优化自己的教学方式。这种基于数据的精准教学改进,不仅能够提高教师的教学水平,还能够更好地满足学生的学习需求,实现教学相长。

(二)信息技术助力学生高效学习

1. 信息技术提供自主与探究学习的便捷途径

在信息技术的助力下,学生的学习方式正发生着翻天覆地的变化。以往,学生主要依赖于课堂和教师传授知识,学习的时间和空间都受到严格限制。而如今,学生可以利用各类学习软件和在线资源,轻松打破这些限制,实现随时随地的学习。不论是手机、平板还是电脑,只要能接入互联网,学生就能随时接触到丰富多样的学习资源,根据自己的学习进度和兴趣偏好进行自主学习和探究学习。这种学习方式不仅为学生提供了更大的学习自由度和选择权,还有助于培养学生的自主学习能力和终身学习习惯。学生可以根据自己的实际情况,合理安排学习时间,选择适合自己的学习内容,从而实现个性化的学习路径。同时,探究学习的方式还能激发学生的学习兴趣和好奇心,让学生在主动探索未知的过程中,感受到学习的乐趣和成就感。

2. 信息技术实现个性化学习路径的定制与优化

传统的教学方式往往难以兼顾每个学生的个性化需求,而信息技术则为实现个性化学习提供了可能。通过智能学习系统,学生可以获得针对自己学习特点和需求的学习建议和资源推荐。这些系统通常会根据学生的历史学习数据和学习表现,进行智能化的分析和预测,从而为学生提供更加精准和个性化的学习指导。这不仅有助于学生更高效地吸收知识和提升能力,还能让学生在学习的过程中感受到更多的关注和支持,增强学生的学习动力和自信心。

3. 信息技术促进学习中的交流与协作能力培养

在信息技术的支持下,学生之间的交流和协作也变得前所未有的便捷和高效。学生可以利用在线协作工具进行小组讨论、项目合作等学习活动,这种方式不仅突破了地域的限制,让来自不同地区甚至不同国家的学生都能参与到同一个学习项目中来;还提供了多样化的交流方式,如文字聊天、语音通话、视频会议等,让学生能够根据实际需求选择最合适的交流方式。这种基于信息技术的交流合作方式不仅有助于培养学生的团队合作精神和沟通协调能力,还能锻炼学生的创新思维和问题解决能力。在团队协作的过程中,学生需要学会如何与他人有效地沟通和协作、如何共同解决问题和完成任务。这些经验对于学生未来的学术和职业发展都具有非常重要的意义。同时,信息技术还能记录学生的学习过程和成果,便于学生进行自我反思和总结,促进持续改进和提升。

(三)信息技术促进教学评估与反馈

1. 信息技术实现教学评估的自动化与即时化

在教学评估领域,信息技术的引入带来了革命性的变化。过去,教师常常需要花费大量时间手工批改试卷、统计分数,而现在,借助先进的在线考试系统,这些烦琐的工作得以自动化完成。教师可以轻松组织在线测验,系统会即时收集学生的答题数据,并快速生成成绩报告。这不仅大幅提高了评估效率,还确保了数据的准确性和客观性。更重要的是,这些系统通常配备强大的数据分析功能,能够帮助教师深入挖掘学生的答题情况,发现教学中的薄弱环节。比如,通过对学生错题类型的统计和分析,教师可以迅速定位到学生普遍掌握不牢的知识点,从而进行有针对性的补救教学。这种基于数据的精准评估与反馈,让教学变得更加科学、高效。

2. 信息技术提供全面的学生学习效果反馈

信息技术还能为学生提供全面的学习效果反馈。在传统教学模式下,学生往往需要等待很长时间才能获知自己的学习成绩和反馈,这种延迟不利于学生及时调整学习策略。而现在,通过在线学习平台,学生可以即时查看自己的测验成绩、作业评语以及学习进度报告等,从而对自己的学习状况有一个清晰的认识。这种即时的反馈机制不仅增强了学生的学习动力,还帮助学生更好地规划自己的学习路径。学生可以根据反馈结果,及时调整学习计划,针对自己的薄弱环节进行重点攻克。同时,学生还可以利用平台上的学习资源,进行自主复习和拓展学习,以全面提升自己的学习效果。

3. 信息技术支持双向互动的教学反馈机制

信息技术不仅实现了教学评估的自动化和即时化,还为教师和学生之间搭建了一个双向互动的反馈桥梁。教师可以通过在线调查、学生评价等方式,主动收集学生对教学过程的意见和建议。这些宝贵的反馈信息有助于教师及时了解学生的学习需求和感受,从而调整教学方法和策略,以更好地满足学生的学习期望。同时,学生也可以通过在线平台向教师提问、寻求帮助或分享自己的学习心得。这种即时的互动不仅让学生感受到了教师的关注和支持,还促进了师生之间的深入交流和合作。在这种双向互动的教学反馈机制下,教师和学生共同构成了一个积极、动态的学习环境,共同推动着教学质量的不断提升。

三、信息技术推动课程教学模式的创新

(一)以学生为中心的教学模式兴起

随着信息技术的迅猛发展,以学生为中心的教学模式逐渐兴起,颠覆了传统以教师为中心的教学格局。在这种新型教学模式下,学生的主体地位得到充分体现,学生不再是被动接受知识的容器,而是主动探索、积极实践的学习者。信息技术为学生提供了丰富多样的学习资源,如在线视频、教学课件、互动软件等,使学生能够根据自己的学习进度和兴趣进行自主学习。同时,信息技术还支持学生之间的协作学习和交流互动,为学生搭建了一个共同学习、互相启发的平台。在课堂上,教师则更多地扮演引导者和促进者的角色,通过问题解答、实践探究和成果展示等活动,激发学生的学习兴趣,培养学生的自主学习能力和创新思维能力。

(二)个性化教学模式的实现

信息技术的发展还为个性化教学模式的实现提供了有力支持。因此,满足学生的个性化学习需求,是提升教学效果的关键。借助信息技术,教师可以根据学生的学习情况和需求,为学生提供定制化的教学服务和资源支持。例如,通过智能教学系统,教师可以为每个学生制订个性化的学习计划,推送适合学生的学习资源和练习题。同时,教师还可以利用大数据分析和挖掘技术,对学生的学习过程进行全面跟踪和评估,及时发现学生的学习问题和需求,为学生提供针对性的指导和帮助。个性化教学模式的实现,不仅让每个学生都能够在适合自己的学习环境中获得最佳的学习效果,还培养了学生的自主学习能力和终身学习习惯。在这种模式

下,学生的学习变得更加主动、高效和有趣,教师的教学也变得更加精准、有效和富有成就感。

(三)信息技术与先进教育技术结合带来的创新体验

信息技术与虚拟现实(VR)、增强现实(AR)等先进技术的结合,为课程教学带来了前所未有的创新体验。这些技术能够为学生模拟真实的学习环境,提供沉浸式的学习体验,使学习变得更加生动、有趣和高效。通过 AR 技术,学生可以在手机或平板电脑上看到虚拟的实验设备和实验现象,进行交互式的实验操作和学习。这种创新性的学习方式不仅提高了学生的学习效率和认知能力,还培养了学生的实践能力和创新思维能力。信息技术以其独特的优势推动了课程教学模式的创新。通过支持以学生为中心的教学模式、实现个性化教学模式以及与先进技术结合带来创新体验等方面的努力,信息技术为教育教学注入了新的活力并推动了其持续发展与进步。未来随着信息技术的不断发展和普及,相信它将在教育领域发挥更加重要的作用,为培养创新型人才做出更大的贡献。

第三节　人工智能、大数据等技术对课程教学体制创新的推动作用

一、个性化教学路径的实现与提升

（一）识别学生个性化需求

1. 深入分析学生学习数据

智能化的学习系统能够持续、全面地收集学生的学习数据,包括作业完成情况、课堂参与度、在线学习时长等。这些数据为教师提供了宝贵的"学生画像",有助于教师准确掌握学生的学习状态、学习风格及潜在能力。例如,通过分析学生的答题记录和错题集,教师可以迅速定位学生在哪些知识点上存在困惑或误区,进而提供及时的指导和帮助。

2. 精准识别学生个性化需求

基于大数据和智能算法的支持,教师能够对学生的历史学习数据进行深度挖掘,发现学生的学习偏好、兴趣点以及学习节奏等个性化特征。这些信息的精准识别,对于教师制订个性化的教学计划和辅导策略至关重要。例如,对于喜欢视觉学习的学生,教师可以提供更多图表和图像资料;而对于喜欢听觉学习的学生,教师则可以录制讲解视频或音频资料,以满足学生不同的学习需求。

3. 科学调整教学策略

通过精准识别学生的个性化需求,教师能够根据实际情况灵活调整教学策略和方法。这种调整不仅体现在教学内容的选择

上,还包括教学方式的优化和教学节奏的把控。例如,面对掌握程度较好的学生群体,教师可以适当加快教学进度,引入更多拓展内容,以激发学生的探索欲望;而对于基础相对薄弱的学生,教师则应放慢教学步伐,重点巩固基础知识,帮助学生建立扎实的学习基础。精准识别学生个性化需求并非一蹴而就的过程,而是需要教师在教学实践中不断尝试、反思和调整。通过与学生建立良好的沟通机制,及时收集学生的反馈意见,教师能够不断完善和优化个性化教学方案,使之更加贴近学生的实际需求。

(二)量身定制个性化学习计划和教学内容

1. 打破传统"一刀切"教学模式

在传统的教学模式中,教师往往采用统一的教学计划和内容,忽视了学生的个体差异和多样化需求。然而,每个学生都是独一无二的,学生有着不同的学习风格、兴趣爱好和潜在能力。因此,量身定制个性化学习计划和教学内容显得尤为重要。通过智能学习系统的辅助,教师可以根据学生的实际情况,为每个学生制订专属的学习计划,确保每位学生都能在适合自己的学习路径上不断进步。

2. 智能调整学习难度和节奏

智能学习系统具备强大的数据分析和处理能力,能够实时跟踪学生的学习进度和掌握情况。当学生在学习过程中遇到困难和挑战时,系统可以迅速做出反应,降低学习难度,为学生提供及时的帮助和支持。这种动态调整学习难度的做法,有助于保持学生的学习积极性和自信心,避免学生因学习压力过大而产生挫败感。同时,当学生表现出较强的学习能力和兴趣时,系统也可以适当增大学习难度,激发学生的挑战欲望和创新精神。

3. 灵活调整教学内容和教学方法

根据学生的学习数据调整教学内容和教学方法。例如,教师可以通过分析学生的在线学习行为、作业完成情况以及课堂互动表现等数据,发现学生在某些知识点上的掌握情况不佳或存在理解偏差。针对这些问题,教师可以及时调整教学内容,重点讲解和巩固这些难点知识。同时,教师也可以尝试不同的教学方法和手段,如采用案例教学、小组讨论等互动式教学方式,以激发学生的学习兴趣和提高学生的参与度。在实施量身定制个性化学习计划和教学内容的过程中,教师需要不断关注学生的学习动态和反馈意见,及时调整和优化教学方案。同时,教师也要注重培养学生的自主学习能力和创新精神,鼓励学生在学习过程中积极探索、勇于尝试。

(三) 实现教学资源的共享和优化配置

1. 教学资源的共享与丰富

大数据技术为教学资源的共享提供了便捷的平台。通过大数据平台,教师可以轻松获取来自全国各地的优质教学资源,包括教学课件、教学视频、教学案例等。这些资源的共享不仅丰富了教师的教学素材库,还为教师提供了更多的教学灵感和创新思路。例如,一个教师在备课时,可以通过大数据平台搜索到其他教师分享的优质课件和教学案例,从而借鉴学生的教学经验,增强自己的教学效果。同时,学生也可以通过这些共享资源,接触到更加多元化的学习内容和学习方式。这不仅能够拓宽学生的学习视野和认知领域,还能够激发学生的学习兴趣和积极性。例如,学生可以利用课余时间观看感兴趣的教学视频,或者通过在线学习平台参加各种课程的学习,从而不断提升自己的综合素质和能力。

2. 教学资源的优化配置

除了实现教学资源的共享,大数据技术还能够实现教学资源的优化配置。通过对学生的学习数据和反馈情况进行分析,学校可以更加合理地分配教学资源,如师资力量、教学设备等。这种资源的优化配置能够确保每个学生都能够获得足够且适合自己的教学资源支持,从而提高学校的教学质量和效率。学校可以根据学生的学习成绩和兴趣爱好,为学生分配适合学生的导师和课程。对于学习成绩优异的学生,学校可以为学生提供更多的学习机会和资源,如参加科研项目、参加学术竞赛等;而对于学习成绩较差的学生,学校则可以为学生提供更多的辅导和支持,帮助学生提升学习成绩和自信心。此外,学校还可以利用大数据技术对教学设备进行优化配置。例如,通过分析学生的学习需求和课程特点,学校可以合理地配置教室、实验室等教学设施,确保这些设施能够充分满足学生的学习需求。同时,学校还可以利用大数据技术对教学设备的使用情况进行实时监控和分析,及时发现和解决设备使用中存在的问题,提高设备的使用效率和寿命。

3. 促进教育公平与提升教育质量

教学资源的共享和优化配置不仅有助于丰富教学内容和方式,还能够促进教育公平和提升教育质量。通过大数据技术的支持,更多的学校和教师能够共享优质的教育资源,从而缩小了地域之间、城乡之间的教育差距。这种资源的均衡分配为每个学生提供了更加公平、优质的教育机会和环境。同时,教学资源的优化配置也能够提升学校的教学质量和效率。通过精准地分析学生的学习需求和问题所在,学校可以更加有针对性地制订教学计划和教学策略,从而提高教学效果和学生的学习成果。这种个性化的教学方式不仅能够满足学生的多样化需求,还能够培养学生的自主学习能力和创新精神。

二、教学评估与反馈机制的优化

(一) 实时监控与即时反馈

1. 实时监控学生学习进度

智能化的在线学习平台为教师提供了强大的后台数据监控功能,使教师能够实时查看每位学生的学习进度。通过对学生登录次数、在线时长、页面浏览量等数据的统计与分析,教师可以清晰地掌握学生在各个学习阶段的具体情况。这种实时的进度监控,有助于教师及时发现学生的学习滞后现象,并采取相应的措施进行干预。例如,当发现某位学生在某一章节的学习时间明显低于平均水平时,教师可以主动与学生取得联系,了解其学习困难所在,并提供针对性的学习建议和资源支持。

2. 准确评估学生学习效果

除了监控学习进度外,智能化的学习系统还能够通过在线测试、作业提交等功能,实时收集学生的学习成果数据。这些数据为教师提供了客观、准确的学习效果评估依据。通过对学生的答题情况、作业质量等进行分析,教师可以及时了解学生在知识掌握、技能运用等方面的实际水平。这种即时的效果评估,有助于教师发现学生的学习薄弱环节,并针对性地调整教学策略和辅导计划。同时,学生也能够根据反馈结果及时了解自己的学习状况,从而调整学习方法、提高学习效率。

3. 提供即时的教学反馈与指导

实时监控与即时反馈机制的最大优势在于其时效性和针对性。当教师发现学生的学习问题后，可以立即通过在线平台与学生进行沟通与交流。这种即时的反馈机制，打破了传统教学中师生沟通的时空限制，使教师能够在第一时间为学生提供必要的教学支持和指导。无论是解答学生的疑难问题、提供学习建议，还是针对学生的学习特点进行个性化的辅导，都能够通过智能化的在线平台得以实现。这种即时、高效的教学反馈与指导方式，对于提升学生的学习积极性和自信心具有显著作用。实时监控与即时反馈在现代教育教学中发挥着举足轻重的作用。它不仅有助于教师全面、深入地了解学生的学习状况和问题所在，还能够为教师提供科学、有效的教学决策支持。同时，这种机制也为学生提供了更加个性化、高效的学习体验，使学生在学习过程中能够得到及时的关注和帮助。因此，在未来的教育实践中，应该进一步推广和应用这种实时监控与即时反馈的教学模式，以促进教育教学质量的全面提升。

（二）全面评估与个性化指导

1. 深入解析学生学习数据

智能化的学习系统通过持续跟踪和记录学生的学习活动，生成大量的学习数据。这些数据涵盖了学生的学习时长、完成率、互动次数、答题正确率等多个维度，为教师提供了丰富、全面的评估素材。教师可以通过系统生成的教学评估报告，快速掌握学生的整体学习状况，以及每个学生在不同知识点和技能点上的具体表现。这种深入的数据解析,有助于教师发现学生的学习规律和潜在问题,为后续的教学指导提供科学依据。

2. 精准识别学生个性化需求

基于对学生学习数据的全面评估,教师如今能够深入洞察每个学生的心灵世界,精准地识别出学生各自独特的个性化需求。这些需求丰富多彩,可能体现在学习风格上,如有的学生偏好逻辑清晰的文字解析,而有的学生则对生动形象的视觉图表情有独钟。在兴趣爱好方面,有的学生热爱文学与艺术,渴望在诗歌和绘画中探寻内心世界,而有的学生则对科学与探索充满好奇,喜欢在实验和创新中寻找答案。至于能力特长,有的学生可能拥有出色的语言表达和写作能力,而有的学生擅长动手实践和解决问题。通过精准识别这些个性化需求,教师如同拥有了一把神奇的钥匙,能够打开每个学生内心深处的宝藏。学生可以为每个学生量身定制专属的教学方案和学习资源,让教学更加贴近学生的实际需求。这样的教学方式不仅能够最大限度地激发学生的学习兴趣和潜能,还能在学习的道路上更加自信、坚定,勇往直前。

3. 提供针对性的个性化指导

在全面评估和精准识别的基础上,教师可以利用智能化学习系统提供的个性化指导功能,为每个学生提供具体、有针对性的教学支持。这种指导可能包括定制化的学习计划、针对性的辅导资源,以及实时的学习反馈等。例如,对于在某个知识点上存在困难的学生,教师可以为其推送相关的讲解视频或练习题,并通过系统的即时反馈功能,跟踪学生的学习进展和问题解决情况。这种个性化的指导方式,不仅能够帮助学生及时解决学习中的困难和挑战,还能够增强学生的自主学习能力和信心。

（三）双向互动与持续改进

在人工智能和大数据技术的支持下，教学评估与反馈机制还呈现出双向互动的特点。不仅教师可以根据学生的学习情况提供反馈和指导，学生也可以通过系统向教师反馈自己的学习感受和需求，实现教学双方的良性互动。这种双向互动的反馈机制，有助于促进教师与学生之间的沟通和理解，增强教学的针对性和实效性。而学生也可以在教师的指导下不断调整自己的学习策略，提升学习效果。这种持续改进的教学过程，有助于实现教学质量的不断提升和优化。

三、教学管理与决策的科学化

（一）全面收集与整理教学数据

智能化的教学管理系统能够全面收集学生的学习数据、教师的教学数据以及学校的教学资源数据等，为学校提供全方位、多维度的数据支持。这些数据不仅包括学生的考试成绩、作业完成情况等基本信息，还能够深入学生的学习习惯、兴趣爱好以及潜在能力等方面的信息。同时，系统还能够对教师的教学行为、教学效果以及教学资源的使用情况进行详细记录和分析。通过对这些数据的全面收集和整理，学校可以更加清晰了解教学现状，发现教学中存在的问题和短板，从而为后续的教学管理和决策提供有针对性的改进方向。同时，这些数据还可以为学校的教学评估提供客观、全面的依据，帮助学校更加科学地评价教师的教学水平和学生的学习成果。

(二)基于数据的教学资源配置与优化

在全面收集与整理教学数据的基础上,学校可以根据学生的学习数据和分析结果,合理配置教学资源,优化课程设置和教学计划。例如,通过对学生的学习成绩和反馈情况进行分析,学校可以发现某些课程或知识点的学习难度较大,学生普遍掌握情况不佳。针对这些问题,学校可以及时调整相关课程的教学计划,增加教学时长或加大辅导力度,以帮助学生更好地掌握相关知识。同时,借助大数据技术的预测功能,学校还能够对未来的教学趋势和需求进行预测。通过对历史教学数据的深入挖掘和分析,学校可以预测未来一段时间内的教学需求变化,从而提前做好准备和规划。这种基于数据的预测和规划,不仅可以帮助学校更加合理地分配教学资源,还可以提高学校的教学质量和效率,为学生提供更加优质的教育服务。

(三)人工智能辅助课程规划与教学设计

人工智能技术还可以协助教师进行课程规划和教学设计。教师可以通过智能系统获取丰富的教学资源和案例,参考系统提供的教学建议和方案,从而制订出更加科学、高效的教学计划。智能系统可以根据教师的教学需求和学生的学习特点,为教师推荐合适的教学资源和教学策略。例如,在课程设计阶段,系统可以为教师提供多样化的课程模板和教学设计案例,帮助教师快速构建出符合自己教学风格的课程框架。在教学实施阶段,系统还可以根据学生的学习进度和反馈情况,为教师提供实时的教学建议和调整方案,帮助教师更加灵活地应对教学中的各种挑战和问题。这种人工智能辅助的课程规划与教学设计方式,不仅提高了教师的教学设计能力和教学效率,还为学生提供了更加个性化、多样化的学习体验。同时,也有助于推动学校的教学改革和创新发展,为培养更多具有创新精神和实践能力的人才奠定坚实基础。

第五章　跨学科课程整合与创新

第一节　跨学科课程整合的实践模式

一、构建跨学科整合的教学观念

（一）建立知识之间的桥梁

1. 教师跨学科知识储备与整合能力的提升

要实现跨学科的教学，教师自身必须具备跨学科的知识储备和整合能力。这意味着教师不能仅满足于自己专业领域内的知识，而应积极学习其他学科的基本理论和教学方法。例如，一位历史教师如果能够对文学、艺术乃至科学都有一定的了解，那么他在讲解历史事件时，就能够更加生动、全面地展现那个时代的风貌，从而激发学生的学习兴趣。同时，教师还应该寻找不同学科之间的交叉点和融合点。这些交叉点和融合点往往是创新思维的源泉。例如，在科学和艺术之间，就存在着许多这样的交叉点。教师可以通过引导学生参与科学实验和艺术创作相结合的活动，来培养学生的创新思维和实践能力。

2. 鼓励学生进行跨学科学习与思考

鼓励学生进行跨学科的学习和思考。学生是学习的主体，只有当主动参与到跨学科的学习中,才能够真正体会到不同学科之间的联系和共通之处。为此,教师可以设计一些综合性的学习任务或项目,要求学生运用多个学科的知识和技能来完成。例如,可以让学生以小组的形式,围绕某个主题展开跨学科的研究,并最终形成一份综合性的报告或展示。这样的学习过程不仅能够激发学生的学习兴趣和动力,还能够培养学生的团队协作能力和问题解决能力。

3. 创设跨学科的教学环境与氛围

要建立知识之间的桥梁,还需要创设一个跨学科的教学环境与氛围。学校应该提供灵活多样的教学场所和设施,以支持不同形式的教学活动。例如,可以设立跨学科的学习中心或实验室,为学生提供一个共享的学习空间。在这个空间里,不同学科的教师和学生可以自由地交流和合作,共同探索跨学科的问题和解决方案。此外,学校还可以通过举办各种跨学科的活动和比赛,来营造一个积极向上的学习氛围。这些活动和比赛可以为学生提供展示自己才华的平台,也能够激发学生的创新意识和竞争意识。

(二)关注学生个体差异,实现因材施教

1. 深入了解学生,把握个体差异

要实现因材施教,教师首先需要深入了解每个学生的学习特点、兴趣爱好、优势以及学习需求。这要求教师不仅关注学生的学业成绩,更要通过日常观察、沟通交流和收集学生反馈等方式,全面了解学生的内心世界和学习动态。教师可以通过观察学生在课堂上的表现、作业完成情况和参与课外活动的积极性等,来把握学生的学习态度和习惯。同时,通过与学生的面对面交流或书面反

馈,教师可以更好地了解学生的想法和困惑,从而为后续的教学提供有针对性的指导。此外,教师还可以通过心理测验、学习风格测试等工具,科学评估学生的多元智能和学习偏好。这些评估结果有助于教师更准确地把握每个学生的个体差异,为制定个性化的教学方案提供有力依据。

2. 制定个性化教学方案,满足多元需求

在深入了解学生的基础上,教师应根据每个学生的实际情况,制定个性化的教学方案。这包括教学目标、教学内容、教学方法、评价策略等多个方面的定制化设计。在教学目标上,教师应结合学生的个体差异和长远发展需求,为学生设定既具挑战性又可实现的目标。在教学内容上,教师应根据学生的兴趣爱好和认知特点,选择贴近学生生活实际、能够激发学生学习兴趣的素材和案例。在教学方法上,教师应灵活运用启发式教学、情境教学、项目式教学等多种方法,以满足不同学生的学习风格和学习需求。同时,教师还应积极利用信息技术手段,为学生提供丰富多样的学习资源和学习平台,支持学生的个性化学习。在评价策略上,教师应注重过程性评价与终结性评价相结合,关注学生在学习过程中的进步和成长。通过采用多元化的评价方式,如作品展示、口头报告、自我评价等,教师可以更全面地了解学生的学习成果和多元智能发展情况。

3. 实施动态调整,持续优化教学

因材施教并非一蹴而就的过程,而是需要教师在教学实践中不断探索、调整和完善。随着学生的学习进步和个性发展,学生的学习需求和兴趣可能会发生变化。因此,教师应时刻保持对学生的关注,及时捕捉学生的学习动态和反馈意见,以便对教学方案进

行动态调整。在实施个性化教学过程中,教师还应注重与其他教师和家长的合作与交流。通过共同研讨和分享经验,教师可以获取更多有益的教学建议和策略,以不断优化自己的教学实践。同时,家长的参与和支持也是实现因材施教的重要因素之一。教师可以通过家长会议、家访等方式与家长保持密切联系,共同关注学生的成长和发展。

(三)加强教师培训与交流,推广成功经验

1. 加强教师培训,提升跨学科整合能力

面对日新月异的教育环境,教师需要不断更新知识结构,提升跨学科整合的能力。因此,学校应加大教师培训力度,定期组织跨学科的教学研讨会或工作坊。在这些活动中,可以邀请在跨学科整合领域有深入研究的专家和学者,分享学生的前沿理念和实践经验。通过这样的培训,教师不仅能够拓宽视野,还能获得实用的教学技巧和策略。同时,学校还应鼓励教师积极参与在线课程学习、教育研究项目等,以多元化的方式提升教师的专业素养。特别是针对跨学科整合的实践能力,学校可以提供模拟教学场景,让教师在实际操作中体验跨学科教学的魅力与挑战,从而更有效地将理论知识转化为实践能力。

2. 促进教师交流与合作,共同探索教学新模式

教师之间的交流与合作是推动跨学科整合教学的重要途径。学校应创建一个开放、包容的氛围,鼓励教师之间开展形式多样的合作。例如,可以组建跨学科教学团队,让不同学科背景的教师共同备课、研讨教学问题。在这样的团队中,教师们可以相互启发、取长补短,共同探索跨学科整合的有效模式和策略。此外,学校还

可以利用现代信息技术手段,如建立教师在线社区或论坛,为教师提供一个随时随地交流的平台。在这个平台上,教师们可以分享自己的教学心得、讨论遇到的难题,甚至寻求同行的帮助与支持。这种跨越时空的交流方式不仅能够增强教师之间的联系与友谊,还能有效促进教学资源的共享与创新。

3. 激励教学创新与实践探索

在跨学科整合教学的实践过程中,必然会涌现出许多成功的经验和案例。这些经验和案例不仅是对教师个人努力的肯定,也是对整个教育系统改革成果的展示。因此,学校和教育部门应积极推广这些成功经验。一方面,可以通过建立教学成果展示平台、举办教学比赛或评选活动等方式来表彰优秀的教学实践。这些活动不仅能够激发教师的荣誉感和归属感,还能为学生提供展示才华的舞台。同时,这些活动也能吸引更多教师关注跨学科整合教学领域的发展动态,从而激发更多教学创新的火花。另一方面,学校和教育部门还应将这些成功经验进行系统的总结与提炼,形成可复制、可推广的教学模式或策略。这些经过实践检验的教学模式或策略可以为其他学校和教师提供宝贵的借鉴与参考。通过这种方式,成功的经验得以在更广泛的范围内传播与应用,从而推动整个教育系统的持续改进和提升。

二、实现跨学科内容的优化配置

(一)教学内容的优化与整合

教学内容是跨学科课程整合的基石。在构建跨学科课程时,教师需要从各个学科中精选出相关知识点,探寻它们之间的内在联系和共同点。这一过程不仅要求教师对各学科有深入的了解，还需要学生具备整合不同学科知识的能力。优化教学内容的关键在于打破学科界限，将原本孤立的知识点串联起来，形成具有逻辑性和系统性的跨学科教学内容。例如，在科学课程中，可以融入数学和物理的知识，通过解释物理现象中的数学原理，帮助学生更深入地理解科学本质。同时，人文社科类的课程也可以通过引入历史、地理、政治等多个学科的内容，培养学生的综合素养和全球视野。此外，教学内容的优化还需要注重引入前沿科技和热点问题。随着科技的飞速发展，许多新兴领域和跨学科问题不断涌现。将这些内容融入教学，不仅可以激发学生的学习兴趣，还能使学生的学习更加贴近现实生活和社会需求。例如，在信息技术课程中，可以引入人工智能、大数据等前沿技术，让学生了解其在各个领域的应用和影响。

（二）教学资源的充分利用与开发

1. 多元化教材资源的整合利用

教材是教学的基础资源，但跨学科教学不能仅局限于传统的教科书。为了实现教学资源的充分利用，教师应广泛涉猎并整合各种辅助教材和参考资料。例如，科普读物能够为学生提供生动有趣的科学案例，激发学生的好奇心；专业期刊则可以让学生接触到最前沿的学术成果，拓宽学生的视野。此外，网络资源也是一个不可忽视的宝库，其中包含了大量的教学视频、在线课程等，可以为学生提供更加灵活多样的学习方式。通过整合这些多元化的教材资源，教师不仅能够丰富教学内容，还能够满足不同学生的学习需求，增强学生的学习效果。

2. 实验设备资源的有效开发与利用

实验教学是跨学科教学中不可或缺的一环,而实验设备资源的充分与否直接影响着实验教学的质量。因此,学校应加大投入,完善实验设施,确保学生能够亲身参与到各种实验中。同时,教师也应积极开发实验设备资源,设计具有创新性和探究性的实验项目。例如,可以利用先进的仪器设备进行科研探究,或者引导学生自主设计实验方案,培养学生的实践能力和创新思维。此外,教师还可以通过与企业、科研机构等合作,共享实验资源,为学生提供更广阔的实践平台。

3. 网络资源的深度挖掘与合理利用

随着互联网技术的飞速发展,网络资源已经成为跨学科教学中不可或缺的一部分。然而,面对海量的网络信息,如何有效地挖掘和利用这些资源成了一个亟待解决的问题。教师应具备信息检索和筛选的能力,为学生筛选出高质量的网络学习资源。同时,教师还可以利用在线学习平台、虚拟实验室等工具进行远程教学和辅导,打破时间和空间的限制,实现教学资源的最大化利用。此外,教师还可以鼓励学生利用社交媒体等网络渠道进行学术交流和成果分享,培养学生的协作精神和创新能力。

(三)教学环境的营造与改善

1. 构建灵活多样的教学场所与设施

为了满足不同形式的教学活动需求,学校应积极构建灵活多样的教学场所和设施。跨学科教室或学习中心的设立,是这一目标的重要体现。这类场所不仅应配备先进的教学设备和软件工具,还应注重空间布局的灵活性和多功能性,以适应各种教学模式和学习方式的变革。例如,可以设置可移动桌椅和多媒体展示系统,支持小组合作学习和项目式探究等多种教学模式。同时,学校还应充分利用校园内的公共空间或闲置场地,搭建临时性的学习平台和展示区域,为学生提供更多展示和交流的机会。这些举措旨在打破传统教室的局限,为跨学科教学提供更加开放、多元的环境支持。

2. 注重校园文化的建设与培育

教学环境的营造不仅涉及物质层面的建设,更包括精神层面的培育。学校应高度重视校园文化的建设,倡导积极向上的学习氛围和创新精神。这要求学校在日常教育教学中,注重培养学生的批判性思维和创新意识,鼓励学生勇于尝试、敢于挑战。同时,学校还可以通过定期举办各类学术活动和文化节庆等,为师生搭建展示才华和交流思想的平台。这些活动不仅能够丰富校园文化生活,提升学校的整体文化氛围,还能有效激发学生的创造力和团队协作精神,促进学生的全面发展。

3. 营造包容开放的学习氛围

在跨学科课程整合的过程中,营造一个包容开放的学习氛围至关重要。学校应鼓励学生从不同角度思考问题,尊重学生的多元观点和独特见解。同时,教师也应以开放的心态接纳学生的不同想法和做法,给予学生充分的尝试和探索空间。这种包容开放的学习氛围能够激发学生的学习兴趣和动力,培养学生的创新思维和解决问题的能力。为了实现这一目标,学校可以建立相应的激励机制和评价体系,鼓励学生积极参与跨学科学习和实践活动,充分发挥主观能动性和创造性。

三、探索跨学科整合的教学策略

(一)运用多样化的教学方法和手段

跨学科整合的教学要求教师打破传统单一的教学模式,采用多样化的教学方法和手段。项目式学习、探究式学习和合作学习等教学方法,都是跨学科教学中非常有效的手段。这些方法强调学生的主体性和实践性,能够激发学生的学习兴趣和积极性,促使学生在主动探究和合作交流中深化对知识的理解。在项目式学习中,教师可以引导学生围绕一个真实的、跨学科的问题或主题展开研究。学生需要在教师的指导下,自主查找资料、设计实验方案、收集和分析数据,并最终形成一份研究报告或展示成果。这种学习方式不仅能够培养学生的自主学习能力,还能锻炼学生的批判性思维和问题解决能力。探究式学习则鼓励学生通过自主探究来发现知识、解决问题。教师可以为学生提供一个具有挑战性的问题或情境,让学生通过实验、观察、推理等方式来寻找答案。这种学习方式能够培养学生的科学精神和创新思维,使学生在探索过程中不断获得成就感和自信心。合作学习则强调学生之间的互助与合作。在跨学科教学中,教师可以组织学生进行小组讨论、角色扮演、辩论等活动,让学生在交流中互相启发、共同进步。这种学习方式不仅能够培养学生的团队合作精神和沟通能力,还能拓宽学生的思维视野,激发更多的创新灵感。

(二)加强学科之间的联系和互动

跨学科整合的教学还需要教师加强学科之间的联系和互动。这不仅可以帮助学生更好地理解知识之间的内在联系,还能培养学生的综合素养和创新能力。为了实现这一目标,教师可以组织一系列跨学科的教学活动和实践项目。教师可以定期举办跨学科的主题研讨会,邀请不同学科的教师和学生共同参与。在研讨会上,大家可以围绕一个共同的主题展开深入的讨论和交流,分享各自的研究成果和心得体会。这种活动不仅能够促进学科之间的交流与融合,还能为学生提供一个展示自己才华的平台。此外,教师还可以引导学生参与跨学科的实验探究和社会实践活动。例如,在科学课程中,教师可以组织学生进行跨学科的环境保护项目,让学生通过实地考察、数据分析等方式来了解环境问题的成因和解决方案。这种活动不仅能够帮助学生将所学知识应用于实践中,还能培养学生的社会责任感和环保意识。

(三)建立完善的教学评价体系

跨学科整合的教学需要建立完善的教学评价体系,以确保教学效果和质量。这一评价体系应注重过程与结果的结合、知识与能力的并重,以及自评、互评和教师评价的多元化方式。在评价过程中,教师应关注学生的学习过程和学习成果,注重对学生的知识掌握、能力培养和情感态度等方面进行全面评价。同时,教师还应鼓励学生进行自我评价和同伴互评,培养学生的自我反思能力和批判性思维。为了及时反馈评价结果并帮助学生改进学习方法和策略,教师可以采用多种评价方式,如书面测试、口头报告、作品展示等。这些评价方式能够全面反映学生的学习状况和不足之处,为学生提供有针对性的指导和建议。

第二节　跨学科课程整合中的教师角色与能力要求

一、教师作为跨学科课程整合的设计者与实施者

(一)跨学科课程方案的创新设计

在跨学科课程整合的背景下,教师作为设计者,其首要任务是构建出既符合学生实际需求,又能体现社会发展趋势的跨学科课程方案。这一目标的实现,离不开教师前瞻性的教育理念和深厚的教育教学理论知识。教师需深入洞察当前教育领域的变革趋势,明确跨学科课程整合的必要性和重要性,从而确立起科学、合理的课程设计理念。同时,教师还需对本学科的知识体系有深入的了解,并能够触类旁通地掌握其他学科的基本概念和原理。这是因为在跨学科课程的设计过程中,教师需要将不同学科的知识点进行有机融合,构建出全新的课程体系。这种融合不是简单的知识堆砌,而是需要教师在深入理解各学科内在联系的基础上,进行巧妙的整合与创新。此外,教师在设计跨学科课程方案时,还需充分考虑学生的实际需求。不同年龄段、不同背景的学生具有不同的学习特点和兴趣爱好,因此,教师需要因材施教,设计出能够激发学生学习兴趣和积极性的课程方案。这就要求教师不仅要具备丰富的教育教学经验,还要有足够的创新意识和实践能力,能够不断探索和尝试新的课程设计方法和手段。

(二)跨学科课程方案的有效实施

设计好的跨学科课程方案需要教师通过有效的教学方法和手段付诸实践。在这一过程中,教师作为实施者的角色显得尤为重要。为了确保课程教学的有效性和趣味性,教师需要掌握灵活多样的教学方法,包括传统的讲解、演示等教学技能,以及现代信息技术手段的运用。现代信息技术的迅猛发展为教育教学提供了更多的可能性。多媒体教学、网络教学等新型教学手段的出现,极大地丰富了教学内容和形式,也使得学生的学习方式更加多元化和个性化。因此,教师需要不断学习和掌握这些现代信息技术手段,将其熟练地运用到跨学科课程的教学实践中去。同时,教师在实施跨学科课程方案时,还需注重与学生的互动和交流。通过有效的课堂提问、小组讨论等教学方式,教师可以及时了解学生的学习情况和反馈意见,从而针对性地调整教学策略和方法,确保课程教学的顺利进行。

(三)跨学科课程整合中的团队协作与沟通

跨学科课程的整合往往涉及多个学科领域的教师和专家,这就需要教师具备良好的团队协作精神和沟通能力。在团队协作方面,教师需要与其他教师和专家共同协作、相互支持,共同承担起跨学科课程整合的任务。这需要教师具备足够的团队意识和合作精神,能够积极参与团队活动,为团队目标的实现贡献自己的力量。在沟通方面,教师需要学会与其他教师和专家进行有效的沟通和合作。这包括明确沟通目标、选择合适的沟通方式、保持开放和尊重的沟通态度等。通过有效的沟通,教师可以更好地了解其他教师和专家的想法和意见,从而确保课程设计的科学性和实施的顺利性。同时,良好的沟通也有助于增进教师之间的友谊和信任,为未来的合作奠定坚实的基础。

二、教师作为学生学习过程的引导者与促进者

(一)以学生为中心,关注学生的学习需求和兴趣点

1. 满足个性化学习需求

学生作为独立的个体,每个人都有自己独特的学习方式和兴趣点。在跨学科课程的学习中,教师需要深入了解每个学生的个体差异、学习风格、认知水平等,以便为学生提供更具针对性的教学指导。例如,对于视觉型学习者,教师可以利用图表、图像等视觉辅助工具来帮助学生更好地理解和记忆知识;而对于听觉型学习者,教师则可以通过讲解、讨论等方式来传递信息。同时,教师还要善于观察学生的学习表现,及时发现学生的学习困惑和需求。这要求教师与学生之间建立密切的师生关系,通过有效的沟通与交流,了解学生的真实想法和学习状态。只有这样,教师才能根据学生的实际情况调整教学策略,满足学生的个性化学习需求。

2. 激发学生的学习兴趣和动力

兴趣是最好的老师。在跨学科课程的学习中,教师需要充分激发学生的学习兴趣,让学生感受到学习的乐趣和价值。这可以通过设计有趣的学习任务、引入实际案例、组织丰富多样的学习活动等方式来实现。例如,教师可以结合学生的生活经验和社会热点,设计具有挑战性和探究性的学习任务,让学生在解决问题的过程中体验到成功的喜悦。此外,教师还要给予学生足够的支持和鼓励,帮助学生建立学习自信。在跨学科课程的学习中,学生可能

会遇到各种困难和挑战,这时教师的鼓励和支持就显得尤为重要。教师可以通过正面的反馈、具体的指导、适时的鼓励等方式来增强学生的自信心和学习动力。

3. 培养学生的自主学习和合作学习能力

在跨学科课程的学习中,学生不仅需要掌握基本的知识和技能,还需要具备自主学习和合作学习的能力。同时,教师还要组织学生开展小组合作学习活动,让学生在合作中学会倾听、表达、协调等沟通技巧,培养学生的合作精神和团队意识。以学生为中心的教学理念要求教师必须密切关注学生的学习需求和兴趣点,通过深入了解学生、激发学生的学习兴趣和动力以及培养学生的自主学习和合作学习能力等方式来支持学生的全面发展。只有这样,教师才能真正成为学生学习过程中的良师益友,引领学生走向成功的彼岸。

(二)运用启发式、探究式教学方法,培养学生的自主学习能力

1. 启发式教学的巧妙运用

启发式教学是一种以学生为中心,通过教师的引导和启发,使学生自主发现问题、解决问题的教学方法。在跨学科课程中,教师应注重启发学生的思维,引导学生从不同学科的视角去审视和分析问题。例如,教师可以通过精心设计的问题情境,激发学生的好奇心和探究欲,让学生在解决问题的过程中主动思考、积极探索。同时,教师还可以鼓励学生提出疑问、发表见解,培养学生的批判性思维和独立思考能力。启发式教学的关键在于教师如何巧妙地提出问题、引导思考。教师需要深入了解学生的认知水平和兴趣

点,结合跨学科课程的内容和目标,设计具有启发性的问题。这些问题应能激发学生的思维火花,引导学生逐步深入探究,最终自主找到问题的答案。

2. 探究式学习的深入实践

探究式学习是一种以学生为主体的学习方式,它强调学生通过实践探究来获取知识、发展能力。在跨学科课程中,教师应为学生提供充足的探究空间和时间,让学生能够亲身参与到知识的探索过程中。例如,教师可以设计一些跨学科的研究项目或实验任务,让学生在完成任务的过程中自主探究、合作学习。这样不仅可以帮助学生掌握跨学科的知识和技能,还能培养学生的实践能力和创新精神。探究式学习的实施需要教师精心设计和组织教学活动。教师需要明确探究目标、提供必要的资源和指导,还要关注学生的探究过程和成果展示。通过探究式学习,学生可以更加深入地理解跨学科知识的内在联系,提高学生的综合运用能力和解决问题的能力。

3. 跨学科思维的培养与提升

在启发式教学和探究式学习的过程中,教师还应注重培养学生的跨学科思维。跨学科思维是一种能够跨越不同学科界限,综合运用多种知识和技能来解决问题的思维方式。为了培养学生的跨学科思维,教师需要引导学生学会从不同学科的视角去分析和解决问题。同时,教师还可以通过组织跨学科的学习活动和讨论会,促进学生之间的交流和合作,拓宽学生的思维视野。运用启发式、探究式教学方法是培养学生自主学习能力的重要途径。在跨学科课程整合中,教师应充分发挥这些教学方法的优势,激发学生的主动学习欲望,培养学生的自主学习能力、跨学科思维和创新能力。通过不断的教学实践和经验总结,教师可以不断完善和优化自己的教学策略和方法手段,为学生的全面发展提供更有力的支持和保障。

(三)提供丰富的学习资源和良好的学习环境

1. 提供充足的物质资源与优化学习环境

物质资源是学生学习的基础保障。为了确保学生能够顺利进行跨学科课程的学习和实践,教师需要精心准备和提供必要的学习材料和实验设备。这包括教材、参考书、实验器材、多媒体设备等,确保学生在课堂上能够充分动手实践,深化对知识的理解与应用。同时,教师还要关注学生的学习环境。一个安全、舒适、有利于学习的课堂氛围对学生的学习态度和效果有着深远的影响。教师应该努力营造一个积极向上、互相尊重、鼓励创新的学习环境,让学生在轻松愉悦的氛围中探索知识,发展技能,塑造个性。

2. 引导学生高效利用信息资源

在信息时代,信息素养已经成为学生必备的核心素养之一。教师需要引导学生学会利用图书馆、网络等渠道获取有用的学习信息,培养学生的信息检索、筛选、整合和利用的能力。不仅有助于学生当前的学习,更对学生未来的终身学习和发展具有重要意义。此外,教师还可以利用现代信息技术手段为学生搭建在线学习平台。通过平台,教师可以发布学习资源、布置作业、组织讨论等,为学生提供更加灵活多样的学习方式。学生则可以根据自己的兴趣和需求,随时随地进行学习,与同伴和教师进行互动交流,实现个性化学习。

3. 构建多元化学习支持网络

学生的学习不仅仅局限于课堂和教材,还需要接触到更广泛的知识和实践经验。为此,教师需要积极整合人力资源,与其他学科教师、专家以及社区资源等建立紧密的联系,共同为学生的学习提供支持。通过组织专题讲座、实地考察、志愿服务等活动,教师可以让学生有机会亲身参与到不同领域的知识探索和实践活动中去。这些经历不仅能够拓宽学生的视野和知识面,还能够培养学生的社会责任感和实践能力。同时,教师还可以通过与家长的沟通和合作,共同关注和支持学生的成长和发展,形成家校共育的良好氛围。教师在提供丰富的学习资源和良好的学习环境方面发挥着举足轻重的作用。通过精心准备物质资源、优化学习环境、引导高效利用信息资源以及整合人力资源等举措,教师可以为学生的全面发展提供有力的支持和保障。

三、教师作为教育教学研究的探索者与实践者

(一)扎实的教育研究素养与实践能力

1. 掌握教育教学的基本理论和方法

跨学科课程的整合,不仅仅是学科知识的简单叠加,而是要求教师在深谙各学科内核的基础上,进行有机融合与创新。这就要求教师必须具备扎实的教育教学基本理论和方法。教师需要系统地学习教育学、心理学等相关理论,理解学生的认知规律和学习特点,以便在跨学科教学中更好地设计教学环节,选择教学方法,提高教学效果。同时,教师还应对跨学科教学的特殊性和规律性有深刻的认识。跨学科教学不是简单的知识堆砌,而是在尊重学生

主体性和学科逻辑性的基础上,进行知识的重新组合和创造性应用。教师需要明确跨学科教学的目标,理解跨学科教学的内在逻辑,以便在教学实践中能够得心应手,游刃有余。

2. 开展教育教学研究的能力

在跨学科课程整合的背景下,教师不再是教学方案的简单执行者,而应成为教学问题的发现者和解决方案的探索者。这要求教师必须具备敏锐的问题意识,能够在日常教学中发现问题、提出问题,并通过科学的研究方法分析问题和解决问题。为此,教师需要加强研究方法的学习和实践,包括问卷调查、实地观察、案例研究等定性与定量相结合的研究方法。通过这些方法,教师可以对跨学科教学中的问题进行深入剖析,提出有针对性的改进策略,从而不断提升跨学科教学的质量和效果。

3. 研究成果向教学实践的转化能力

教育教学研究的最终目的是指导实践、改进教学。因此,教师不仅要成为教育教学的研究者,更要成为研究成果的转化者和应用者。这就要求教师必须具备将研究成果转化为教学实践的能力。教师需要关注教育教学研究的前沿动态,及时了解和掌握最新的研究成果。同时,教师还应根据自己的教学实际和学生的学习需求,将这些研究成果创造性地应用于教学实践。这不仅是对教师研究能力的考验,更是对教师实践能力的挑战。教师需要在实践中不断尝试、不断调整,以实现研究成果与教学实践的最佳结合。

(二)关注前沿动态,积极进行教育教学研究

1. 敏锐捕捉教育教学最新动态与前沿成果

教育教学领域的发展日新月异,新的教育理念、教学方法和评估手段层出不穷。作为教师,要时刻保持对专业领域内最新动态的关注。这不仅包括关注国内外权威教育期刊、参加学术会议和研讨会,还包括通过社交媒体、在线教育平台等多元化渠道,及时获取和分享最新的教育教学资源。通过对前沿动态的持续关注,教师能够及时了解并掌握最新的教育教学理论和实践成果,如项目式学习、情境教学、多元智能理论等。这些新的元素不仅可以为教师的跨学科教学实践提供有益的参考和借鉴,还能够激发学生的学习兴趣,提升学生的学习效果。

2. 批判性思维审视现有教育教学问题

关注前沿动态的同时,教师也需要以批判性的眼光审视现有的教育教学实践。批判性思维能够帮助教师发现问题、提出问题,并寻求创新性的解决方案。在日常教学中,教师应该勇于质疑传统的教育模式和方法,敢于挑战固有的教育观念和偏见。通过批判性思维的培养和运用,教师能够更深入地剖析教育教学中的瓶颈和问题,如课堂互动的不足、学生个性化需求的忽视等。针对这些问题,教师可以结合前沿的教育教学理念和方法,提出具有针对性的改进策略,从而推动教育教学实践的持续优化和创新。

3. 积极开展教育教学研究并分享成果

关注前沿动态和批判性思维为教师开展教育教学研究提供了坚实的基础。在此基础上,教师需要积极投入到教育教学研究中去,通过确定研究方向、制订研究计划、收集和分析数据等科学的

方法,深入探究教育教学的本质和规律。教育教学研究不仅有助于提升教师的专业素养和实践能力,还能够为教师的跨学科教学实践提供有力的理论支撑和方法指导。同时,通过研究成果的分享和交流,教师可以与同行共同进步,推动整个教育教学领域的创新与发展。这种分享和交流可以通过学术论文、教学案例、研讨会报告等多种形式进行,以便更广泛地传播和推广教育教学研究的成果。

(三)勇于实践创新,完善跨学科教学策略

1. 打破传统,勇于尝试新的教学方法

跨学科教学本身就是一种创新,它要求教师跳出传统的学科框架,以全新的视角和方法来组织教学。这意味着教师必须敢于挑战传统的教学模式和束缚,勇于尝试新的教学方法和手段。例如,通过设计具有创新性的跨学科课程,将不同学科的知识、方法和技能进行有机融合,让学生在解决实际问题的过程中,综合运用多学科知识,提升综合素养。同时,教师还可以利用现代信息技术手段,如人工智能、大数据等,开发出丰富多样的教学资源和工具,为学生提供更加个性化、多样化的学习体验。这些新的教学方法和手段,不仅能够激发学生的学习兴趣和积极性,还能够培养学生的创新思维和实践能力。

2. 在实践中不断完善和优化教学策略

实践是检验真理的唯一标准,也是教师完善和优化跨学科教学策略的重要途径。通过不断的教学实践和经验总结,教师可以更加清晰地认识到哪些教学方法和手段是有效的,哪些是需要改进的。例如,在教学实践中,教师可能会发现某些跨学科课程的设

计存在不合理之处,或者某些教学方法并不能很好地激发学生的学习兴趣。这时,教师就需要及时调整教学策略,优化教学内容和方法,以提高教学效果和质量。此外,教师还可以通过参加教学研讨会、观摩其他教师的教学等方式,借鉴他人的成功经验和做法,不断完善自己的跨学科教学策略。同时,教师也要保持开放的心态,接受他人的批评和建议,以便更好地改进自己的教学。

3. 团队协作,共享实践经验和成果

跨学科教学的研究与实践需要团队的力量。教师需要与其他教师、专家以及教育工作者进行广泛的合作与交流,共同研究跨学科教学的理念、方法和策略。通过团队协作,教师可以集思广益、取长补短,共同推动跨学科教学的发展与进步。同时,教师还需要将自己的实践经验和成果进行开放共享。这不仅可以让更多的人受益,还可以促进教育教学领域的创新与发展。教师可以通过发表学术论文、分享教学案例、开设公开课等方式,将自己的实践经验和成果展示给更多的人。这样不仅可以提升教师的知名度和影响力,还可以为其他教师提供有益的借鉴和启示,推动整个教师队伍的专业化成长与发展。

第六章 课程教学创新的保障体系

第一节 师资队伍保障

一、加强师资培训与提升

(一)定期组织教育教学理论学习

1. 掌握最新教育理念,引领教学创新

教育教学理念是教学活动的指导思想,对教师的教学行为起着至关重要的引领作用。随着社会的不断发展和教育改革的深入推进,教育理念也在不断更新换代。因此,学校需要定期组织教师学习最新的教育理念,帮助学生及时了解教育发展的新趋势、新动态,从而能够更好地指导自己的教学实践。通过学习,教师们可以深刻领会到新时代教育的核心价值和目标追求,进而在教学活动中更加注重学生的主体地位、关注学生的全面发展,推动教学创新的不断深入。

2. 学习先进教学方法,提升教学质量

教学方法是实现教学目标的重要手段。随着科技的进步和教育理念的更新,越来越多的教学方法被引入到课堂教学之中。学校应当定期组织教师学习这些先进的教学方法,如项目式教学、翻转课堂、情境教学等,使教师们能够熟练掌握并运用这些方法,进而提升自己的教学质量和效果。通过学习先进的教学方法,教师们不仅可以激发学生的学习兴趣和积极性,还能够培养学生的自主学习能力和创新精神,为学生的全面发展奠定坚实基础。

3. 构建多元学习平台,促进自我成长

为了确保教育教学理论学习的有效性,学校应当采取多种形式来组织学习活动。除了传统的线下研讨会、讲座等形式外,还可以积极利用现代信息技术手段构建多元化的学习平台。例如,可以建立在线教育学习系统,为教师提供丰富多样的在线课程资源和学习资料,使学生能够根据自己的需求进行个性化的学习。同时,还可以利用学术论坛、教师社区等网络平台,鼓励教师们进行线上交流与分享,共同探讨教育教学中的热点问题,促进彼此之间的学习与进步。通过这些措施的实施,学校可以为教师提供一个便捷、高效的学习环境,推动自我成长与专业发展。

(二)鼓励参加各类学术交流活动

1. 提供经费支持与补贴,减轻教师经济负担

为了鼓励教师积极参加学术交流活动,学校应当提供必要的经费支持与补贴。这些支持可以包括活动报名费、交通费、住宿费以及参会期间的餐饮费用等。通过减轻教师的经济负担,学校能够消除学生参加活动的后顾之忧,从而更加专注于学术交流和思想碰撞。同时,经费支持也是一种对教师专业发展和学术追求的认可与鼓励,能够激发教师参与活动的积极性和主动性。

除了直接的经费支持外,学校还可以考虑设立学术交流专项基金,用于资助教师在国内外重要学术会议上发表论文、参与研讨

或进行学术访问等活动。这样的专项基金不仅能够提升学校的学术影响力,还能够为教师提供更多的展示自我和拓展学术网络的机会。

2. 将学术交流活动纳入教师考核与晋升体系

为了进一步激发教师参与学术交流活动的热情,学校可以将这些活动作为教师考核和晋升的重要参考依据。通过明确将学术交流成果纳入评价体系,学校能够引导教师更加重视与同行的交流和合作,从而推动教育教学领域的共同进步。

在实施过程中,学校可以制定具体的量化指标,如参加活动的次数、发表的学术论文数量和质量、参与的研讨项目等,作为教师学术交流成果的衡量标准。同时,还可以结合教师的实际表现和专业发展需求,给予在学术交流活动中表现突出的教师以适当的奖励和晋升机会。这样的激励机制能够促使教师更加积极地投身于学术交流活动,不断提升自身的学术水平和影响力。

3. 搭建校内外学术交流平台,提供更多展示机会

学校还可以主动搭建校内外的学术交流平台,为教师提供更多的展示自我和交流学习的机会。这些平台可以包括定期举办的学术沙龙、研讨会、讲座等,以及创办的学术期刊、学术网站等。通过搭建这些平台,学校能够为教师创造一个良好的学术氛围,促进学生之间的深入交流与合作。在学术沙龙和研讨会上,教师可以围绕特定的主题或问题进行深入探讨,分享各自的研究成果和教学经验。这种面对面的交流方式能够激发教师的思维火花,推动教育教学理念的创新和发展。同时,学术期刊和学术网站则可以为教师提供更为广阔的展示空间,让学生的研究成果和学术观点得以更广泛地传播和认可。此外,学校还可以积极寻求与国内外知名教育机构或学术组织的合作,共同举办高水平的学术会议或研讨活动。这样的合作不仅能够提升学校的学术声誉和影响力,还能够为教师提供更多的国际化学术交流机会,拓宽国际视野和合作网络。

(三)邀请知名教育专家进行专题讲座或指导

1. 确保讲座或指导的高质量

邀请知名教育专家进行专题讲座或指导,首先需要学校进行精心的策划与组织。这包括确定讲座或指导的主题、时间、地点等,以及制定详细的实施方案和流程。学校应确保所选择的主题紧密围绕教师的实际需求和教育教学的热点问题,能够引起教师的广泛兴趣和关注。同时,学校还应与专家进行充分的沟通,明确讲座或指导的具体内容和形式,以确保活动的高质量和实效性。在实施过程中,学校可以设立专门的讲座或指导小组,负责活动的具体筹备和执行工作。小组成员可以包括学校的教学管理人员、骨干教师等,学生应具有丰富的教育教学经验和良好的组织协调能力,能够确保活动的顺利进行。此外,学校还可以通过多种渠道进行宣传和推广,吸引更多的教师参与其中,扩大活动的影响力和覆盖面。

2. 深入交流与互动,激发教师的创新思维

在专题讲座或指导的过程中,学校应鼓励教师与专家进行深入的交流和互动。这不仅可以增强活动的趣味性和互动性,还能够激发教师的创新思维,提升专业素养和创新能力。学校可以为教师提供提问和讨论的机会,让学生能够针对自己在教学中遇到的问题和困惑向专家请教,寻求有效的解决方案。同时,学校还可

以组织教师进行小组研讨或案例分析等活动,在专家的指导下深入探讨教育教学中的热点问题和难点问题,共同寻找创新性的解决路径。通过与专家的深入交流和互动,教师可以不断拓展自己的思维边界,接触到更多的前沿教育理念和教学方法。这些新的思想和观点能够激发教师的创新思维,为学生的创新实践提供有力的支持。同时,与专家的交流还能够让教师感受到大师的教育情怀和职业精神,从而更加坚定自己的教育信仰和职业追求。

3. 建立长效机制,深化合作关系

邀请知名教育专家进行专题讲座或指导并不是一次性的活动,而应成为学校提升教师专业素养和创新能力的重要举措之一。因此,学校应建立长效机制,深化与专家的合作关系。这可以通过多种方式实现,如与专家签订长期合作协议、设立教育实践基地、共同开展教育科研项目等。通过这些措施的实施,学校可以与专家建立更加紧密的联系和合作关系,为教师提供更多的学习和实践机会。同时,这也有助于提升学校的整体办学水平和影响力,推动教育教学事业的持续发展。此外,学校还可以利用现代信息技术手段建立线上交流平台或专家资源库等,为教师提供便捷、高效的学习资源和服务。通过这些平台或资源库的建设和应用,教师可以随时随地进行自我学习和提升,不断更新自己的知识体系和教学方法。同时,学校还可以利用这些平台或资源库进行教育成果的展示和分享,推动教育教学成果的转化和应用。

二、构建激励与约束机制

（一）建立健全的考核评价体系

1. 制定科学合理的考核标准,凸显创新价值

考核标准是教师工作的指挥棒,它引导着教师的教学行为和职业发展方向。因此,学校在制定考核标准时,必须充分考虑创新因素,将教师在教学方法、教学内容以及培养学生创新思维和实践能力等方面的创新成果作为重要评价指标。这不仅能够体现学校对创新的高度重视,更能够激发教师积极探索、勇于创新的热情。在具体操作上,学校可以通过明确创新成果的认定标准和权重,引导教师有针对性地开展创新实践。例如,可以设立"教学创新奖",对在教学方法、手段或内容上有重大突破的教师给予表彰和奖励;同时,将学生的创新思维和实践能力提升情况作为教师考核的重要参考,以此激励教师更加关注学生的全面发展。

2. 运用多元评价方式,确保评价全面准确

单一的评价方式往往难以全面反映教师的真实工作状况和创新成果。因此,学校在考核评价过程中应注重运用多元评价方式,如学生评价、同行评价、自我评价以及专家评价等,从多个角度、多个层面对教师的工作进行全面审视。学生评价能够直接反映教师的教学效果和学生满意度;同行评价则有助于揭示教师在专业领域内的认可度和影响力;自我评价能够让教师对自己的工作进行深刻反思和总结;而专家评价则能够提供更为专业、权威的意见和建议。通过综合运用这些评价方式,学校可以获得更为全面、准确的评价信息,为后续的激励措施提供有力依据。

3. 考核结果与激励措施挂钩,形成有效激励

考核评价的目的不仅在于对教师的工作进行客观评价,更在于通过合理的激励措施激发教师的积极性和创造力。因此,学校应将考核结果与教师的晋升、薪酬等切身利益紧密挂钩,给予在创新实践中表现突出的教师相应的奖励和荣誉。这种物质与精神并重的激励方式能够更有效地激发教师的创新潜能和工作热情。一方面,物质奖励如加薪、奖金等能够直接改善教师的生活条件,提升学生的职业满意度;另一方面,精神激励如荣誉称号、晋升机会等则能够满足教师的职业成就感和自我价值实现的需求。通过这种双重激励,学校可以推动教师在教学领域不断取得新的突破和创新成果。

(二)提供充足的科研经费和创新基金

1. 科研经费与创新基金的保障作用

科研经费和创新基金是教师开展创新实践的重要资源。为教师提供购买先进教学设备、参加专业学术交流、聘请行业专家指导等必要的条件,从而确保了创新实践活动的顺利进行。这些经费的及时投入,不仅能够满足教师在研究过程中的物质需求,更能够为教师消除后顾之忧,使教师能够全身心地投入到教学创新中去。此外,充足的经费支持还能够提升教师在学术界的地位和影响力,为教师争取到更多的合作机会和资源,进一步推动创新实践成果的产出和转化。因此,学校应当根据自身实际情况,制定科学合理的经费预算和分配方案,确保每一位有创新意愿和能力的教师都能获得足够的经费支持。

2. 完善经费管理机制,确保合理使用

在提供充足经费的同时,学校还必须建立起完善的经费管理机制,以确保这些资金能够得到有效利用,避免浪费和滥用现象的发生。这包括制定明确的经费使用规定和审批流程,对教师使用经费的情况进行定期检查和审计,以及建立相应的奖惩机制等。通过这些措施的实施,学校可以确保每一笔经费都真正用在了刀刃上,最大限度地发挥其在推动教师创新实践中的积极作用。同时,这也有助于维护学校内部的公平与正义,防止因经费分配不公而引发的各种矛盾和纷争。

3. 拓展创新机会与资源,激发教师创新活力

学校还可以通过设立创新项目、搭建创新平台等方式,为教师提供更多的创新机会和资源。这些项目和平台可以成为教师展示才华、交流思想的舞台,也可以成为学生开展跨学科、跨领域合作的重要载体。通过这些项目和平台的实施与运作,教师可以接触到更多的前沿理念和技术手段,从而不断拓宽自己的知识视野和创新思路。同时,这些机会和资源还能够激发教师之间的合作与竞争意识,推动学生在相互学习、共同进步的过程中不断取得新的创新成果。这种良性的创新生态环境对于提升整个学校的创新能力和水平具有十分重要的促进作用。

(三)明确教师职责与义务,规范创新实践行为

1. 制定完善的教学管理制度和创新实践规范

学校作为教育教学的主体,有责任也有义务为教师提供明确的行为指南。制定完善的教学管理制度和创新实践规范,是教师开展创新活动的基本保障。这些制度和规范应当涵盖教学的各个环节,包括课程设计、教学方法、评价方式等,确保教师在创新过程中有章可循、有据可依。教学管理制度的制定应当注重实用性和可操作性,既要体现教育教学的基本规律,又要适应时代发展的新要求。创新实践规范则应当鼓励教师大胆尝试、勇于探索,同时又要明确行为的边界,防止创新活动偏离教育教学的本质。这些制度和规范的建立,不仅有助于教师明确自身的职责与义务,更能为学生的创新实践提供有力的制度支撑。

2. 平衡约束与激励,发挥教师主观能动性

在明确教师职责与义务的同时,学校也要注重激励机制的构建。约束与激励是相辅相成的两个方面,只有找到二者之间的平衡点,才能最大限度地发挥教师的主观能动性。学校应当通过合理的考核评价体系、物质与精神并重的奖励措施等,激发教师参与创新实践的热情和动力。学校可以设立教学创新奖、科研成果奖等,对在创新实践中取得突出成绩的教师给予表彰和奖励。同时,还要关注教师的职业成长和个人发展,为学生提供更多的学习机会和晋升空间。通过这些措施的实施,学校可以营造一个积极向上、充满活力的创新氛围,使教师在履行职责与义务的同时,也能感受到创新实践带来的成就感和满足感。

3. 加强教学督导与反馈,及时纠正不当行为

教学督导是确保教学质量和创新实践效果的重要手段。学校应当建立健全的教学督导机制,定期组织专家或同行对教师的教学活动和创新实践进行督导和检查。这不仅可以及时发现并纠正教师在创新过程中可能出现的问题和偏差,更能为学生提供有针对性的指导和帮助。同时,学校还要建立有效的教学反馈机制,鼓励学生、家长和社会各界对教师的教学活动和创新实践提出意见

和建议。这些反馈信息可以为教师提供宝贵的参考和借鉴,帮助更好地调整教学策略、优化创新实践方案。通过教学督导与反馈的有机结合,学校可以确保教师的教学行为和创新实践始终保持在正确的轨道上。

三、促进教师之间的交流与合作

(一)积极搭建教师交流合作的平台

为了推动教师之间的交流与合作,学校应当积极搭建各类平台,如教学团队、科研团队等。这些平台能够为教师提供一个共同的目标和任务,使学生有机会在一起深入探讨学术问题,分享教学经验。通过这种团队化的合作模式,教师可以相互学习、取长补短,共同提高自身的专业素养和教学能力。同时,学校还可以鼓励教师参加各种学术会议、研讨会等活动,以拓宽学生的视野,增进与同行之间的交流。这些活动不仅能够为教师提供最新的教育理念和教学方法,还能帮助学生结识更多的专业人士,为今后的合作与交流打下坚实的基础。

(二)定期组织教学观摩与教学研讨活动

为了促进教师之间的有效交流与合作,学校可以定期组织教学观摩和教学研讨等活动。这些活动能够为教师提供一个展示自我、学习他人的机会,使学生在观摩他人的教学过程中,发现自身的不足,并吸取他人的优点和经验。在教学观摩活动中,学校可以邀请一些在教学方面有突出成就的教师进行示范教学,让其他教师从学生的教学方法、课堂组织等方面汲取灵感和经验。同时,也可以鼓励教师之间相互观摩,以更加深入地了解彼此的教学风格和特点。在教学研讨活动中,学校可以组织教师就某些热点、难点问题进行深入探讨,集思广益,共同寻找解决问题的方法和途径。这种研讨不仅能够激发教师的思维活力,还能促进学生之间的合作与交流,推动教学问题的解决和教学质量的提升。

(三)利用现代信息技术手段促进交流合作

随着信息技术的不断发展,学校可以充分利用这些技术手段来促进教师之间的交流与合作。例如,可以建立教师在线交流平台,使教师能够随时随地进行在线沟通和交流。这种平台可以为教师提供一个便捷的沟通渠道,使学生能够及时分享教学心得、讨论教学问题,促进彼此之间的合作与进步。同时,学校还可以利用教学资源共享平台,推动教学资源的共享与利用。这种平台可以为教师提供丰富的教学资源和素材,使学生能够更加方便地进行备课和教学。通过资源的共享与利用,不仅能够减轻教师的教学负担,还能促进学生之间的合作与交流,推动教学质量的整体提升。

第二节　教学资源与技术保障

一、丰富多样的教学资源保障

(一)教学资源库的建设与完善

1.教材教辅资料的全面更新与扩充

教材教辅资料是教学活动的基石,其内容的时效性、前沿性直接影响教学质量。因此,学校应重视与出版社、教育机构等外部资源的合作,积极引进国内外先进的教材和教辅资料。这不仅可以确保教学内容的与时俱进,还能够为教师提供更多元化的教学素材,从而丰富教学手段,激发学生的学习兴趣。在引进教材教辅资料的过程中,学校应建立一套完善的评价机制,组织专家和教师代表对资料进行全面的评审,确保其内容质量、适应性以及与教学大纲的契合度。同时,学校还应鼓励教师根据教学实践的需要,对现有教材进行创造性的补充和拓展,形成具有本校特色的教辅资料体系。

2. 多元化教学资源的整合与特色化建设

学校应鼓励教师根据学科特点和教学需求,积极收集和整理相关案例、实验数据等,形成具有实用价值的案例库。这些案例可以来自企业的真实实践、社会的热点事件等,能够帮助学生更好地理解理论知识,并将其应用于实际情境中。此外,学校还可以与企业、行业等合作,共同开发具有针对性的教学案例,以增强教学的实践性和实用性。在多媒体素材和网络教学资源的整合方面,学校应充分利用现代信息技术手段,将各种形式的素材和资源进行数字化处理,以便于存储、检索和共享。同时,学校还应建立专门的教学资源管理平台,实现各类资源的在线发布、浏览和下载等功能,为教师和学生提供便捷的资源获取渠道。

3. 教学资源的数字化与网络化的推进

随着数字化时代的到来,教学资源的数字化和网络化已经成为教育发展的必然趋势。学校应积极响应这一趋势,加强教学资源的数字化和网络化建设,以打破时间和空间的限制,实现教学资源的无障碍共享和利用。学校应建立完善的数字化教学资源库,将现有的纸质教材、教辅资料以及各类多媒体素材进行数字化转换和存储。同时,学校还应构建功能强大的教学资源网络平台,支持在线课程学习、教学资源检索、师生互动交流等多种功能。通过这一平台,教师可以随时上传、更新和分享自己的教学资源,学生也可以随时随地访问和学习自己感兴趣的内容。这不仅可以大幅提高教学资源的利用效率和效果,还能够为学生的学习提供更为灵活和便捷的支持。

(二)鼓励教师自主开发教学资源

1. 激发教师的资源开发热情

为了激发教师的资源开发热情,学校可以采取多种措施。举办教学资源开发培训便是其中一项行之有效的举措。通过邀请专家或资深教师分享资源开发的经验和技巧,学校能够帮助教师们掌握更多的资源开发方法和技能,从而提升学生的资源开发能力和水平。这样的培训不仅能够让教师们感受到学校对教学资源开发的重视,还能够为学生提供一个学习和交流的平台,进一步激发学生的资源开发热情。此外,学校还可以通过设立教学资源开发基金的方式,为教师提供必要的经费支持和技术保障。这样一来,教师们在资源开发过程中遇到的资金和技术难题将得到有效解决,资源开发效率和质量也将得到显著提升。同时,这种基金的设置还能够起一种激励作用,让更多的教师愿意投入到教学资源的开发中来,从而形成一种良性的竞争和合作氛围。

2. 提供必要的支持和保障

学校需要为学生提供必要的支持和保障。这包括为教师提供充足的时间和资源来进行教学资源的开发。由于教师们在日常教学中已经承担了繁重的教学任务,因此学校应当合理安排学生的教学时间,确保学生有足够的精力投入到教学资源的开发中。同时,学校还应当为教师提供必要的技术支持和教学设备,以确保学生能够顺利地进行教学资源的开发和制作。此外,学校还可以建立一个教学资源共享平台,鼓励教师们将自己的教学资源上传到平台上进行共享。这样不仅可以避免教学资源的重复开发,还能够让更多的教师和学生受益。同时,通过平台上的交流和互动,教师还可以相互借鉴和学习彼此的教学资源开发经验,从而不断提升自己的资源开发能力和水平。

3. 建立完善的评价和激励机制

为了持续推动教师自主开发教学资源,学校还需要建立完善的评价和激励机制。这包括对教师的教学资源开发成果进行定期的评价和展示,以肯定学生的努力和成果。通过评价和展示,学校可以让更多的教师和学生了解到这些优秀的教学资源,并进一步激发教师们的教学资源开发热情。同时,学校还应当根据教师的教学资源开发成果给予相应的奖励和激励。这可以包括物质奖励、荣誉证书、职称晋升等多种形式。通过这些奖励和激励措施,学校可以让教师们感受到自己的努力和成果得到了学校的认可和重视,从而更加积极地投入到教学资源的开发中。

(三)促进教学资源共享与交流

1. 建立教学资源共享机制

为了促进教学资源的共享,学校首先需要建立完善的教学资源共享机制。这一机制应当明确教学资源共享的目标、原则、流程以及相关的管理制度。通过制定详细的共享规范,学校能够确保教学资源的合法、合规使用,同时避免资源的重复建设和浪费。在机制的构建过程中,学校应鼓励教师之间进行教学资源的互通有无和共同开发。这不仅能够丰富教学资源库,还能够加强教师间的沟通与协作,形成良好的教学氛围。同时,学校还可以设立专门的教学资源管理团队,负责资源的整理、分类、发布和维护工作,确保资源的及时更新和有效利用。

2. 搭建教学资源展示与交流平台

为了实现教学资源的有效共享,学校需要为教师搭建一个展示与交流的平台。定期举办教学资源展示与交流活动便是一个很好的选择。通过这样的活动,教师们可以展示自己的教学资源成果,分享教学经验与心得,从而相互学习、共同进步。此外,学校还可以利用现代信息技术手段,建立线上的教学资源共享平台或社交媒体群组。这些平台可以支持教学资源的上传、下载、评论和分享功能,方便教师随时随地进行资源的获取与交流。同时,线上平台还能够打破时间和空间的限制,实现更广泛的教学资源共享与互动。在平台的运行过程中,学校应加强对资源的审核与管理,确保资源的质量和安全性。同时,学校还可以利用大数据分析等技术手段,对教学资源的使用情况进行跟踪与评估,以便更好地满足教师的教学需求和学生的学习需求。

3. 推动教学交流与经验分享

教学资源的共享与交流不仅仅是资源的传递与获取,更重要的是通过这一过程推动教学交流与经验分享。学校应当鼓励教师们在共享资源的同时,积极分享自己的教学理念和教学方法,形成良好的教学研讨氛围。为了实现这一目标,学校可以采取多种措施。例如,设立教学研讨小组或工作坊,定期组织教师们围绕特定主题进行教学研讨与经验分享。同时,学校还可以邀请校外专家或优秀教师来校进行交流与指导,为教师们提供更多的学习机会和拓宽视野的可能。此外,学校还可以通过举办教学技能竞赛、教学成果展示等活动,激发教师们的教学热情和创新精神。这些活动不仅能够为教师们提供一个展示自己才华的舞台,还能够促进学生之间的相互学习与借鉴,从而推动整个教学团队水平的提升。

二、先进适用的教学技术保障

(一)引进与推广先进教学技术

1. 密切关注教学技术发展趋势

学校要保持对教育领域的敏锐洞察力,及时捕捉那些具有颠覆性、创新性的教学技术。通过深入市场调研、参加教育技术展览、与教育技术专家交流等多种方式,全面了解最新的教学技术趋势和前沿应用。这些技术可能涉及人工智能、大数据、云计算、物联网、虚拟现实等多个领域,它们的发展和应用将为学校教育带来革命性的变化。在了解教学技术发展趋势的过程中,学校需要明确自身的定位和需求,以便有针对性地选择和引进合适的技术。同时,学校还应加强与技术提供商、教育机构等的合作与交流,共同推动教学技术的创新与发展。

2. 引进先进教学技术

在密切关注教学技术发展趋势的基础上,学校应结合自身的教学实际和需求,有针对性地引进那些经过验证、具有显著效果的教学技术。例如,虚拟现实技术能够为学生创设身临其境的学习情境,提供沉浸式的学习体验,有助于激发学生的学习兴趣和积极性。学校可以引入虚拟现实技术,结合学科特点开发相应的教学资源和课程,让学生在虚拟的环境中进行实践操作和探究学习。此外,人工智能技术也是学校应重点关注的领域。人工智能技术可以通过大数据分析、智能推荐等方式,辅助教师进行个性化教学,为每个学生量身定制合适的学习方案。学校可以引入智能教学系统,对学生的学习数据进行分析和挖掘,为教师提供精准的教学建议和策略,从而增强教学的针对性和有效性。

3. 优化教学技术应用

引进先进教学技术后,学校需要积极开展技术推广工作,让更多的教师和学生了解和接受新技术。可以通过举办技术讲座、开展技术培训、制作技术宣传资料等方式进行推广。同时,学校还应鼓励教师在日常教学中积极应用新技术,探索创新教学模式和方法。在技术推广的过程中,学校需要关注教师和学生的反馈意见,及时收集和分析技术应用的效果和问题。针对存在的问题和不足,学校应与技术提供商、教育机构等共同研究解决方案,不断优化和完善技术应用的效果。此外,学校还应加强与其他学校的交流与合作,分享教学技术应用的经验和成果。通过学校间的交流与合作,可以推动教学技术的更广泛应用和发展,共同提升整个教育行业的水平和质量。

(二)加强教师技术培训与提升

1. 定期举办技术培训班

学校应根据引进的教学技术以及教师的实际技术需求,定期举办各类技术培训班和工作坊。这些培训活动可以涵盖多种教学技术,如多媒体制作、网络教学平台应用、虚拟现实教学等。通过邀请技术专家或资深教师进行现场指导,结合实践操作、案例分析等教学方式,帮助教师深入了解并掌握这些教学技术的核心要点和应用技巧。在培训班和工作坊的设计上,学校应注重理论与实践的结合,确保教师在接受理论知识的同时,能够获得足够的实践操作机会。此外,学校还可以根据教师的反馈和需求,不断调整和优化培训内容,以增强培训的针对性和实效性。

2. 教师之间技术交流活动

学校还应积极组织教师之间的技术交流活动。这种活动形式可以更加灵活多样,如技术沙龙、经验分享会、教学观摩等。通过这些活动,教师们可以展示自己的技术成果,分享在教学技术应用过程中的心得体会和经验教训。同时,可以从其他教师的分享中获得新的灵感和启发,进一步拓宽自己的教学思路和方法。技术交流活动的组织应注重实效性和互动性。学校可以鼓励教师们在活动中提出自己在技术应用中遇到的问题和困惑,寻求其他教师的帮助和建议。通过这种同伴互助的学习方式,可以激发教师们的学习热情和创新精神,推动学生在教学技术应用上不断取得新的突破和进展。

3. 督促教师在日常教学中应用新技术

引进技术、进行培训都是为了能更好地服务于教学。因此,学校应鼓励并督促教师在日常教学中积极应用新技术。这不仅可以检验教师技术培训的成果,还能帮助教师在实践中不断积累经验、提升技术应用水平。为了激发教师应用新技术的积极性,学校可以采取一系列激励措施。例如,设立技术应用奖励机制,对在教学中成功应用新技术的教师进行表彰和奖励;开展技术应用比赛或展示活动,为教师提供展示自己技术应用成果的平台;将技术应用能力作为教师评价和晋升的重要参考指标等。同时,学校还应加强对教师技术应用情况的监督和指导。通过定期的教学检查、课堂观摩等方式,了解教师在技术应用方面的实际情况和需求,及时发现问题并提供针对性的帮助和指导。此外,学校还可以建立技术应用反馈机制,收集教师和学生的意见和建议,以便不断优化和完善技术应用策略和方案。

(三)提供持续的技术支持与服务

1. 建立专门的技术支持团队或服务中心

为了确保教师能够在教学过程中随时获得所需的技术帮助,学校应着手建立专门的技术支持团队或服务中心。这个团队或中心不仅应具备深厚的技术背景,还要对教育教学的实际需求有深入的理解。团队成员可以由技术人员、教育专家以及经验丰富的教师组成,学生能够提供全方位的技术咨询、问题解答以及故障排除等服务。技术支持团队或服务中心的建立,旨在打造一个高效、便捷的技术服务平台。当教师在教学过程中遇到技术难题时,学生可以迅速寻求这个团队或中心的帮助,从而获得及时、专业的技术支持。这种支持不仅能够确保教学的顺利进行,还能够激发教师探索教学新技术的积极性,推动教学创新的不断深化。

2. 构建完善的技术支持体系和服务流程

学校还应构建一套完善的技术支持体系和服务流程。这套体系应涵盖技术支持的各个方面,包括技术咨询、问题解答、故障排除、技术更新等,确保教师在遇到任何技术问题时都能够找到相应的解决方案。同时,学校还应制定明确的服务流程,规定技术支持的响应时间、处理方式以及服务质量标准等。这样可以确保教师在寻求技术支持时能够得到及时、规范的服务,提高技术支持的效率和质量。完善的技术支持体系和服务流程的建立,不仅为教师提供了更加便捷、高效的技术支持服务,也为学校的教学管理提供了有力的保障。通过这种体系化的支持和服务,学校可以更好地推动教学技术的普及和应用,促进教学质量和水平的全面提升。

3. 提供持续的技术培训与更新服务

教学技术的发展日新月异,新的技术和工具不断涌现。为了确保教师能够跟上技术的步伐,学校应提供持续的技术培训与更新服务。这种服务可以定期举办技术培训班、工作坊或在线课程等,帮助教师及时掌握最新的教学技术和工具,提高学生的技术应用能力。同时,学校还应与技术提供商保持紧密的合作关系,确保能够及时获取最新的技术信息和更新服务。通过这种合作,学校可以及时了解并掌握教学技术的发展动态,为教师提供更加前沿、实用的技术支持与服务。持续的技术培训与更新服务不仅可以帮助教师保持与技术发展的同步,还能够激发学生的教学创新精神。通过不断学习和实践新的教学技术,教师可以不断探索教学的新方法、新路径,为学生的学习提供更加优质、高效的教学体验。

三、稳定可靠的教学设施保障

(一) 硬件设施的建设与维护

硬件设施是教学活动的基础,包括教室、实验室、计算机房等场所,以及其中的桌椅、黑板、多媒体设备等。这些设施的好坏直接影响教学效果和学生的学习体验。因此,学校应重视硬件设施的建设与维护工作。在建设方面,学校应根据教学需求和学科特点,合理规划并投入资金,建设功能齐全、布局合理的教学设施。例如,针对需要实践操作的学科,应建设设备齐全、环境优良的实验室;针对计算机相关课程,应配置高性能的计算机和完善的网络设备。同时,学校还应关注设施的环保性和安全性,确保学生在一个健康、安全的环境中学习。在维护方面,学校应建立完善的设施管理制度,明确责任分工,确保设施的日常维护和定期检修工作得到有效执行。通过定期检查、及时维修、更新换代等措施,确保教学设施始终处于良好的运行状态。此外,学校还应加强对学生的设施使用教育,增强学生的设施保护意识,减少人为损坏的情况。

(二)软件设施的开发与更新

随着信息技术的不断发展,软件设施在教学活动中的作用日益凸显。网络教学平台、教学资源管理系统等软件系统的开发与更新,对于提升教学效率和质量具有重要意义。学校应加大投入,与专业的软件开发团队合作,开发出符合学校教学需求的软件系统。这些系统应具备易用性、稳定性和安全性等特点,能够支持在线教学、资源管理、学生评价等多种功能。同时,学校还应根据教学实际和师生反馈,定期对软件系统进行更新和优化,以满足不断变化的教学需求。此外,学校还应加强对教师的软件使用培训,提高学生的信息素养和技术应用能力。通过举办培训班、提供在线教程等方式,帮助教师熟练掌握各种教学软件的使用方法,充分发挥软件设施在教学中的辅助作用。

(三)教学设施的人性化与智能化改造

在提升教学设施的稳定性和可靠性的同时,学校还应关注设施的人性化和智能化改造。人性化改造旨在营造一个舒适、宜人的学习环境,提高学生的学习积极性和满意度。例如,通过优化教室布局、改善照明和通风条件、增设休息区域等方式,让学生在一个宽敞明亮、温馨舒适的环境中学习。智能化改造则是利用先进的智能技术,提升教学的互动性和趣味性。例如,引入智能教学设备如智能黑板、互动终端等,使教师能够更加便捷地展示教学内容、与学生进行互动交流;构建智慧教室系统,实现对学生学习情况的实时监控和个性化指导;利用大数据和人工智能技术,分析学生的学习习惯和兴趣偏好,为学生推荐合适的学习资源和路径。这些人性化和智能化改造措施不仅能够提高教师的教学效率和质量,还能够激发学生的学习兴趣和积极性,为教学创新提供有力的设施保障。同时,它们也体现了学校对教育教学工作的重视和投入,有助于提升学校的整体形象和竞争力。

第三节　教学质量监控与评估保障

一、建立多维度的教学质量监控体系

(一)全方位监控教学过程

1. 监控教学目标的设定与实现

教学目标是教学活动的出发点和归宿,是评价教学质量的重要依据。因此,对教学目标的设定进行监控至关重要。在监控过程中,需要关注教学目标是否符合教育政策导向、是否体现学生的实际需求、是否具有可操作性和可评价性等方面。同时,还要关注教学目标的实现情况,通过对比实际教学效果与预期目标的差距,分析原因并提出改进措施。为了确保教学目标的科学性和合理性,可以组织专家进行评审,并邀请学生代表参与讨论,充分听取各方意见,确保教学目标能够真正落到实处。在监控教学目标实现的过程中,还应注重过程性评价和结果性评价的结合。过程性评价可以帮助及时了解教学过程中的问题,为调整教学策略提供依据;而结果性评价则可以全面反映教学效果,为改进教学方法、提升教学质量提供有力支持。

2. 监控教学内容的安排与更新

教学内容是教学活动的核心,其质量直接关系到教学效果的好坏。因此,对教学内容的安排进行监控同样不容忽视。在监控过程中,需要关注教学内容是否紧密围绕教学目标展开、是否具有系统性和连贯性、是否注重知识的重点和难点等方面。同时,还要关注教学内容的更新情况,确保其能够与时俱进,及时反映学科发展的最新成果和趋势。为了实现教学内容的持续优化和更新,可以建立教学内容动态调整机制。通过定期收集教师和学生的反馈意见,结合学科发展的实际情况,对教学内容进行适时的调整和优化。这样不仅可以确保教学内容始终保持新鲜感和吸引力,还可以更好地满足学生的学习需求,提升教学效果。

3. 监控教学方法的选择与运用

教学方法是实现教学目标、传授教学内容的重要手段。在现代教育中,单一的教学方法已难以满足多样化的学习需求。因此,对教学方法的选择进行灵活多样的监控显得尤为重要。在监控过程中,需要关注教师是否根据学科特点和学生实际选择合适的教学方法、是否注重启发式教学和探究式学习等先进教学理念的运用、是否能够有效激发学生的学习兴趣和积极性等方面。为了鼓励教师尝试不同的教学方法并根据学生的反馈进行调整和优化，可以定期组织教学方法交流与研讨活动。通过分享成功的教学案例、探讨教学中的难题与困惑，为教师提供一个相互学习、共同进步的平台。同时，还可以建立教学方法创新激励机制，对在教学方法改革方面取得突出成绩的教师给予表彰和奖励，从而激发教师创新教学方法的积极性和主动性。

（二）利用现代信息技术手段提高监控准确性和效率

1. 大数据分析助力教学监控

在现代教学活动中，每天都会产生大量的教学数据，包括学生的学业成绩、学习行为记录、课堂互动情况等。这些数据背后蕴含着丰富的教学信息和规律，通过大数据分析技术，可以深入挖掘这些数据中的价值，为教学监控提供更加科学、准确的依据。大数据分析技术能够帮助全面、系统地分析学生的学习情况。此外，大数据分析技术还能够揭示教学中的规律和问题。通过对大量教学案例的聚类分析，可以发现哪些教学方法和手段在特定情况下更为有效，从而为教师提供教学策略的优化建议。同时，通过数据异常检测等技术手段，还可以及时发现教学中的异常情况，如学生的学习成绩突然下滑、课堂互动明显减少等，从而及时介入并采取有效措施解决问题。

2. 人工智能技术赋能个性化教学监控

人工智能技术在教学质量监控体系中的应用为个性化教学提供了强有力的支持。通过利用智能教学助手等工具，可以实时监控学生的学习进度和学习效果，并根据学生的个体差异提供个性化的学习建议和资源推荐。智能教学助手能够根据学生的历史学习数据和当前学习状态,为学生量身定制学习计划和学习路径。同时,它还能够实时监控学生的学习进度,并根据学生的学习反馈和表现及时调整教学策略,确保每位学生都能够得到最适合自己的教学资源和关注。这种个性化的教学监控方式不仅能够提高学生的学习效率和学习体验,还能够帮助教师更加精准地把握每位学生的学习需求和问题所在,从而实现因材施教的教育目标。此外,人工智能技术还能够提供更加智能化的教学评估和反馈机制。通过自然语言处理、情感分析等技术手段,可以实时收集并分析学生对教学的评价和反馈意见,从而及时发现教学中的问题和不足并加以改进。这种智能化的评估和反馈机制不仅能够增强教学监控的及时性和有效性,还能够激发教师和学生共同参与教学改进的积极性和创造力。

3. 信息化平台实现教学监控的全面整合

要充分利用现代信息技术手段提高教学监控的准确性和效率,还需要构建一个全面整合的信息化平台。这个平台应该能够集成各种数据源和教学应用系统,实现教学数据的统一管理和共享利用。同时,它还应该提供强大的数据处理和分析功能以及可视化的数据展示界面,方便更加直观、全面地了解教学的整体情况和各个环节的细节问题。通过这样一个信息化平台,可以更加高效地进行教学监控工作,及时发现并解决问题,推动教学质量的持续提升。

二、实施常态化的教学质量评估机制

(一)贯穿全过程的常态化评估

常态化的教学质量评估机制的核心在于其"常态"与"过程"

的双重属性。这意味着评估不再是偶发性或终结性的行为,而是融入日常教学活动的持续性过程。常态化评估的实施,需要将评估的视角从单一的结果性评价转向过程与结果并重的综合评价。在这一过程中,定期的教学检查成为一项关键性活动。通过定期、系统的教学检查,可以及时了解教师的教学准备、教学内容的实施情况,以及学生的学习进展和反馈。这种检查不仅是对教师教学责任的督促,更是对教学质量实时监控的重要手段。同时,学生作为教学活动的直接参与者,学生的体验和反馈是评估教学质量的重要维度。因此,需要构建有效的学生评价机制,使学生能够自由、真实地表达对教学活动的看法和建议。这种评价机制应当注重学生的参与度和匿名性,以消除学生在评价过程中的顾虑,从而收集到更加真实、客观的教学反馈。

(二)多元评估形式的综合运用

在常态化的教学质量评估中,需要综合运用多种评估形式,以获取全面、深入的教学质量信息。除了上述的教学检查和学生评教外,教师自评与互评也是不可或缺的环节。教师自评有助于教师深入反思自身的教学行为,发现教学中的问题,并制定改进策略。而教师互评则能够促进教师之间的经验交流和思想碰撞,形成一种良性的竞争与合作氛围。此外,还可以引入第三方评估、专家评审等形式,从更加专业、客观的角度对教学质量进行把脉和评价。这些多元化的评估形式不仅能够提供更为丰富、全面的教学质量信息,还能够激发教师参与评估的积极性,增强评估活动的有效性和针对性。

（三）评估结果的反馈与有效利用

教学质量评估的最终目的在于改进教学、提升质量。因此,评估结果的反馈与利用是评估活动中至关重要的一环。需要建立有效的评估结果反馈机制,确保评估结果能够及时、准确地传达给相关教师和教学管理部门。同时,应对评估结果进行深入的分析和解读,提炼出教学中的亮点和问题,为教学改进提供具体、可操作的建议。评估结果不仅应作为教学改进的依据,还应成为教师考核、教学奖励等方面的重要参考。通过将评估结果与教师的切身利益挂钩,可以进一步激发教师提升教学质量的内在动力,形成一种积极向上的教学氛围。同时,这也能够增强教师对评估活动的认同感和参与度,从而推动常态化教学质量评估机制的良性循环。

三、构建教学质量监控与评估的闭环管理系统

（一）明确目标设定,引领教学方向

在闭环管理系统的起始环节,明确教学质量的具体目标和标准至关重要。这些目标和标准不仅为教学活动提供了明确的方向,也为后续的监控、评估和改进工作奠定坚实的基础。在设定教学目标时,应充分考虑学生的实际需求、社会的发展趋势以及学科的特点,确保目标既具有前瞻性,又符合教育规律。同时,还应将教学目标细化为可操作的指标,以便于后续的监控和评估。除了教学目标的设定,还应关注教学标准的制定。教学标准是对教学质量的具体要求,涵盖教学内容、教学方法、教学资源等多个方面。通过制定明确、具体的教学标准,可以为教学活动提供清晰的参照,确保教学质量达到预期水平。

（二）全面实时监控，把握教学动态

过程监控是闭环管理系统中的关键环节。通过对教学过程进行全面、实时的监控，能够及时了解教学的实际情况，发现潜在的问题，并采取有效的措施加以解决。在教学过程监控中，应注重数据的收集和分析，确保监控结果的客观性和准确性。同时，还应充分利用现代信息技术手段，如教学管理系统、在线学习平台等，提高监控的效率和覆盖面。全面实时监控不仅要求对教师的教学行为进行跟踪和评估，还要求关注学生的学习过程和反馈。通过收集学生的学习数据、分析学生的学习行为，可以更好地了解学生的学习需求和困难，为教学改进提供有力的依据。

（三）客观评估结果，指导教学改进

结果评估是闭环管理系统中的重要一环。通过对教学效果进行客观、公正的评估，可以全面了解教学的实际成果，发现教学中的问题和不足，为后续的改进工作提供明确的指导。在评估教学效果时，应采用多元化的评估方法，包括定量评估和定性评估相结合，以确保评估结果的全面性和准确性。同时，还应注重评估结果的反馈和利用，及时将评估结果传达给相关教师和学生，为学生提供有针对性的改进建议。除了对教学效果的评估，还应关注教学过程的评估。通过对教学过程的深入剖析和反思，可以发现教学中的亮点和不足，提炼出宝贵的教学经验，为后续的教学活动提供有益的参考。

（四）及时反馈问题，制定改进措施

问题反馈和改进实施是闭环管理系统的最后环节，也是实现教学质量持续改进的关键。在问题反馈环节,应及时将评估结果中发现的问题反馈给相关教师和学生,确保了解自身在教学中的表现和存在的问题。同时,还应鼓励教师和学生提出宝贵的意见和建议,为教学改进提供有益的参考。在改进实施环节,应根据评估结果制定针对性的改进措施,并付诸实践。这些改进措施可能包括调整教学内容、优化教学方法、改善教学资源配置等。通过持续改进和实践,可以不断提升教学质量,满足学生的学习需求,推动学校教育事业的持续发展。同时,这一环节还能够促进学校教学管理的科学化、规范化和现代化,提高管理效率和管理水平。

参考文献

[1] 逯娟,王惠榆,高磊,等.高等职业院校地质类专业群课程思政教学体系创新设计研究[J].高教学刊,2024,10(8):54-57+62.

[2] 陈占龙,吴亮,万波.地理空间信息工程专业人才培养模式创新实践[J].测绘地理信息,2024(2):139-142.

[3] 杜文辽,侯俊剑,王宏超.融合专业认证和工程教育 CDIO 理念的教学模式研究与实践[J].河南教育(高教)(中),2024(2):55-57.

[4] 胡为,刘伟,李小智,等.基于实战能力培养的网络安全课程教学创新体系建设[J].计算机教育,2024(2):85-89.

[5] 吴瑕.基于"综合英语"课程教改的高校英语专业教学创新探索——评《高校英语专业课程体系构建与教学改革研究》[J].科技管理研究,2024,44(1):244.

[6] 赵璇.《财政学》课程"三阶段—五位一体"教学创新体系构建与实践——以哈尔滨金融学院为例[J].金融理论与教学,2023(6):109-112.

[7] 孟飞,徐尤南,周生通,等.新工科背景下机械设计课程多层次实践创新教学体系改革与探索[J].农机使用与维修,2023(12):150-152+156.

[8] 王华昆,高婧,陈兰英.面向工程应用的土木工程结构设计—

体化课程体系设置及教学方法创新[J].高教学刊,2023,9(35):107-111.

[9]莲花,牡丹,苏日娜,等.药学专业《仪器分析实验》课程体系的建设研究[J].内蒙古石油化工,2023,49(11):49-52.

[10]任强,王雅宁,刘宁宁,等.创新导向下运动系统慢病管理实践课程体系的构建[J].中国继续医学教育,2023,15(22):5-9.

[11]杨承玥,刘安乐,王龙.旅游管理与服务教育专业人才培养目标与课程体系构建研究[J].高教学刊,2023,9(32):146-150.

[12]徐善永,曹珍贵,韩涛,等.工程创新能力导向的实践教学改革探索——以电工电子实践教学为例[J].科技风,2023(29):152-154.

[13]李芃,刘洪丹,张兰勇,等.面向创新创业的物联网科创导论课程教学体系建设[J].创新创业理论研究与实践,2023,6(19):37-39.

[14]吕江.公共艺术课程教学与艺术实践体系创新研究[J].美术教育研究,2023(17):135-137.

[15]王瑜.基于OBE理念的"运输市场营销"课程专创融合教学改革研究[J].老字号品牌营销,2023(17):182-184.

[16]张芳芳,单东日,马凤英,等.基于稳定性的自动控制原理课程教学创新体系设计[J].高教学刊,2023,9(25):95-98.

[17]吴佳桉,黄绮琼.民间工艺美术在高校公共课程教学中的实践探索[J].中国包装,2023,43(8):123-126.

[18]吴志焕,胡晓微,鲁雨薇.TBL教学模式下创新创业课程体系建设研究[J].创新创业理论研究与实践,2023,6(14):

74-77.

[19]韩奉林,吴万荣,云忠,等.机械创新人才培养实践教学体系构建[J].中国教育技术装备,2023(14):27-32.

[20]陈晓旭.融入思政元素的创新创业类课程"双体系"教学改革[J].河南广播电视大学学报,2023,36(3):108-112.

[21]周贵平.高职院校创新创业课程教学有效性评价体系构建[J].中国多媒体与网络教学学报(中旬刊),2023(6):41-44.

[22]陈红翔,李亚屏.基于 OBE 理念的课程思政创新教学研究——以"气象学与气候学"课程为例[J].教育教学论坛,2023(22):70-73.

[23]黄雯.基于赛教融合的统计学课程创新教学体系设计——以市场调查与分析大赛为例[J].现代商贸工业,2023,44(10):225-227.

[24]杨珺菲,苗瑾超,候玉勇.培养通信工程专业学生"解决复杂工程问题"的教学体系研究[J].中国新通信,2023,25(7):98-100.

[25]周晓宁,闵芳,张昱.一流课程建设背景下创新素养与技能实战课程教学评价体系的构建[J].大学,2023(8):189-192.

[26]郑喆,孔伊凡.视觉传达设计专业课程的创新体系建设研究[J].美术教育研究,2023(3):105-107.